Stefan Zähringer

Installation und Analyse Microsoft Longhorn

GRIN Verlag

Bibliografische Information der Deutschen Nationalbibliothek:

Die Deutsche Bibliothek verzeichnet diese Publikation in der Deutschen National-
bibliografie; detaillierte bibliografische Daten sind im Internet über http://dnb.d-
nb.de/ abrufbar.

Impressum:

Copyright © 2005 GRIN Verlag GmbH
Druck und Bindung: Books on Demand GmbH, Norderstedt Germany
ISBN: 978-3-640-36958-4

Dieses Buch bei GRIN:

http://www.grin.com/de/e-book/130121/installation-und-analyse-microsoft-longhorn

GRIN - Your knowledge has value

Der GRIN Verlag publiziert seit 1998 wissenschaftliche Arbeiten von Studenten, Hochschullehrern und anderen Akademikern als eBook und gedrucktes Buch. Die Verlagswebsite www.grin.com ist die ideale Plattform zur Veröffentlichung von Hausarbeiten, Abschlussarbeiten, wissenschaftlichen Aufsätzen, Dissertationen und Fachbüchern.

Besuchen Sie uns im Internet:

http://www.grin.com/

http://www.facebook.com/grincom

http://www.twitter.com/grin_com

Installation und Analyse
Microsoft Longhorn

Studienarbeit 5. Semester

der Fachrichtung Information- und Kommunikationstechnik
an der Berufsakademie Lörrach

von

Stefan Zähringer

Januar 2005

Bearbeitungszeitraum: ca. 4 Monate

Zusammenfassung

Diese Studienarbeit analysiert den Microsofts Windows XP Nachfolger mit dem Codenamen Longhorn. Im Mittelpunkt der Analyse steht Microsofts neues drei Säulen Modell mit dem neuen Benutzerinterface Avalon, dem Dateisystemaufsatz Windows Future Store (WinFS) und der Kommunikationsschnittstelle Indigo. Auf alle 3 Säulen wird im Rahmen dieser Studienarbeit ausführlich eingegangen.

Über diesen drei Säulen befindet sich WinFX, der Nachfolger des Win32 API. WinFX bildet die gesamte Funktionalität des Betriebssystems über Managed Code ab.

Unter den drei Säulen befindet sich das Fundament mit dem neuen Schattenbetriebssystem Next Generation Secure Computing Base (NGSCB), welches durch die Trennung des Betriebssystems in zwei Kerne und durch die Zusammenarbeit von spezieller Hard- und Software für mehr Sicherheit sorgen soll.

Neben der Installation und Analyse von Microsoft Longhorn wird die Studienarbeit durch eine Sicherheitsanalyse von Longhorn mit dem Open-Source Sicherheitsanalysetool Nessus ergänzt.

Da Longhorn nur einen Teil der Microsoft .NET Vision für die kommenden Jahre darstellt, befasst sich diese Studienarbeit auch mit der Installation und Analyse von Whidbey.

Whidbey ist der Nachfolger der Visual Studio .NET Entwicklungsumgebung und bildet zugleich auch das .Net Framework der zweiten Generation.

Hierbei werden einige der herausragenden Features von Whidbey, wie z.B. Generics, Object Spaces, Whitehorse und Clickonce-Deployment vorgestellt.

Inhaltsverzeichnis

Abbildungsverzeichnis

Abkürzungsverzeichnis

AES	Advanced Encryption Standard
API	Application Programming Interface
CLR	Common Language Runtime
CLS	Common Language Specification
DCOM	Distributed Component Object Model
GDI	Graphical Device Interface
GUI	Graphic User Interface
IDE	Integrated Development Environment
JIT	Just-in-Time Compiler
MS	Microsoft
MSIL	Microsoft Intermediate Language
NCA	Nexus Computing Agent
NGSCB	Next Generation Secure Computing Base
ORM	Object Relational Mapping
RPC	Remote Process Call
RSA[1]	Rivest, Shamir, Adleman
SDK	Software Development Kit
SHA-1	Secure Hash Algorithm 1
SOA	Service Oriented Architecture
SSC	Security Support Component
TMP	Trusted Plattform Modul
UI	User Interface
UML	Unified Modeling Language
VB	Visual Basic
WinFS	Windows Future Store
WinFX	Windows Framework
WVG	Windows Vector Graphics
XML	eXtensible Markup Language
XAML	eXtensible Application Markup Language

---

[1] Abkürzung steht für die Anfangsbuchstaben der Entwickler des RSA-Algorithmus

1 Einleitung

Ende Oktober 2003 rief Microsoft zur PDC (Professional Developer Conference) nach Los Angeles. Der gigantische Convention Center in Downtown Los Angeles war restlos ausverkauft. Ca. 7000 Entwickler, Analysten und Pressevertreter besuchten die zahlreichen Sessions. Das Interesse war gigantisch und das nicht ohne Grund. Denn während andere Microsoft Events einem festen Zyklus gehorchen, gibt es PDC's nur wenn Microsoft etwas Großes zu verkünden hat.

Bereits im Vorfeld der PDC wurde bekannt, dass sich alles um den Windows XP Nachfolger mit dem Codenamen Longhorn[2] drehen wird.

Für Microsoft Gründer Bill Gates stellt die Entwicklung von Longhorn den Produktlaunch des Jahrzehnts dar. Er verglich Longhorn mit der Einführung von Windows 95[3] und so mit dem Wechsel von der 16 Bit- auf die 32 Bit Architektur.

Gleichzeitig wurde jedoch kein genauer Termin für die Endversion von Longhorn genannt.

Das einzige was durchsickerte war die Hardwarekonfiguration eines Longhorn PC's.

Demnach verfügt ein PC aus dem Jahre 2006/2007 über:

- CPU mit zwei Prozessor-Kernen und 4 bis 6 GHz
- mindestens 2 GByte Arbeitsspeicher
- Grafikkarte mit dreifacher Leistung
- Festplatte mit bis zu 1 Terabyte
- Gigabit-Netzwerkanschluss
- W-LAN-Adapter nach IEEE 802.11g

---

[2] Longorn: 1.) Codename des Windows XP Nachfolger. 2.) Namen einer Büffelart
[3] Früheres Betriebssystem der Firma Microsoft. Erschienen 1995/1996

2 Longhorn

Microsoft hat zwar noch kein genaues Datum bezüglich der Veröffentlichung von MS Long-horn bekannt gegeben, aber einiges spricht dafür, dass nicht vor 2006 mit Longhorn zu rechnen ist. Diese Semesterarbeit soll sich neben der Installation hauptsächlich mit der Ana-lyse der herausragenden Features beschäftigen. Die kommenden Kapitel sollen hierzu ei-nen Einblick geben.

2.1 WinFX und das Longhorn SDK

Mit dem neuen Betriebssystem „Microsoft Longhorn" werden viele neue Technologien und Funktionen eingeführt. Diese Features können anhand von dem „3-Säulen Modell" gut dar-gestellt werden, welches in den folgenden Kapiteln näher erläutert wird.

Rund um diese Neuheiten rankt sich das ebenfalls neue Programmiermodell WinFX, dessen Besonderheit darin besteht, dass es nur so genannten Managed Code verwendet. D.h. die gesamte Funktionalität des Betriebssystems wird über Managed Code abgebildet.

Hierbei handelt es sich um Programmcode, der unter der .NET-Laufzeitumgebung, der Common Language Runtime, abläuft.

WinFX ist als Nachfolger von dem Win32 **A**pplication **P**rogramming **I**nterface (**API**) zu se-hen. Nachdem Microsoft 1985 die Win16- und 1994 die Win32-API veröffentlicht hatte wird voraussichtlich ab 2005 die neue WinFX-API den Programmierern zur Verfügung stehen. Nach der eigentlichen Veröffentlichung benötigt jede API mehrere Monate und Jahre um sich bei den Programmierern als Standardplattform zu etablieren.

Neben der konsistenten Namensgebung, der Benutzbarkeit, der Globalisierung und der konsistenten Parameteranordnung wurde bei der Implementierung von WinFX das Haupt-augenmerk auf, das Thema Nummer eins von Microsoft, die Sicherheit gelegt. Das heißt Microsoft probiert Probleme wie z.B. Bufferoverflows zu vermeiden und sich dadurch auch die negativen Schlagzeilen in der Presse zu ersparen. Zitat über WinFX von Bernd Mar-quardt (MSDN Regional Director in Deutschland) auf der Technical Summit 2004: „Da hat man, was man so bisher sehen kann, ganze Arbeit geleistet!"

WinFX soll sich vor allem durch höhere Produktivität sowie eine gesteigerte Sicherheit von Applikationen auszeichnen.

Man kann auch weiterhin mit dem Win32- **S**oftware **D**evelopment **K**it (**SDK**) programmieren, hat hierbei aber nicht die Möglichkeit neue „Longhorn" Applikationen zu entwickeln. Um sol-che Anwendungen zu programmieren benötigt man WinFX. Dieses Kürzel ist nicht mit

WinFS zu verwechseln, das etwas später erläutert wird. Das Kürzel FX von WinFX steht für das Framework.

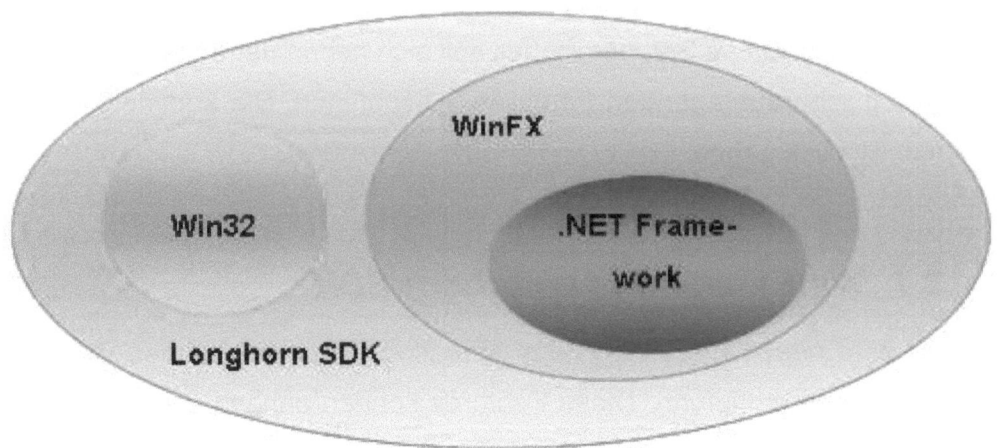

Abbildung 1 Das Longhorn SDK

Die Grafik zeigt, dass WinFX wie auch Win32 eine Teilmenge der Longhorn SDK sind. Das SDK wird benötigt um eine vollständige Longhorn Applikation zu erstellen. Die .NET Framework-Klassenbibliothek ist ein Bestandteil von WinFX, so dass WinFX die Ablösung für das mit Windows NT eingeführte Win32-API bedeutet.

Die Kompatibilität soll dadurch allerdings nicht leiden, auch .NET Framework- und Win32-Anwendungen sollen Zugriff auf die Möglichkeiten von WinFX erhalten.

WinFX basierende Anwendungen werden jedoch nur auf Longhorn und späteren Systemen laufen können, eine Portierung auf ältere Betriebssysteme ist nicht vorgesehen. Dadurch zeigt bzw. macht Microsoft einen deutlichen Bruch zu der nicht-objektorientierten Vergangenheit. Aber auch „alte" Anwendungen werden weiterhin unter Longhorn laufen, da auch das Win32–API ein Teil des Longhorn SDK ist.

Das Managed Code-basierte WinFX kann man nur voll ausnutzen, wenn man eine der 28 .NET -Programmiersprachen verwendet.

Da ein rein prozedurales Programmieren nicht mehr zeitgemäß ist und die bisherige Programmierschnittstelle Win32 im C-Stil, d.h. weder objektorientiert noch komponentenbasiert ist war es für Microsoft an der Zeit eine neue API zu entwickeln.

WinFX ist eine riesige API (was die Abbildung 2 auch verdeutlichen soll) und stellt dem Entwickler viele Funktionalitäten zur Verfügung, dadurch sollen sich die zu programmierenden Codezeilen deutlich verringern. Jede API von Microsoft Longhorn wird hierbei unterstützt bzw. steht im Longhorn SDK zur Verfügung.

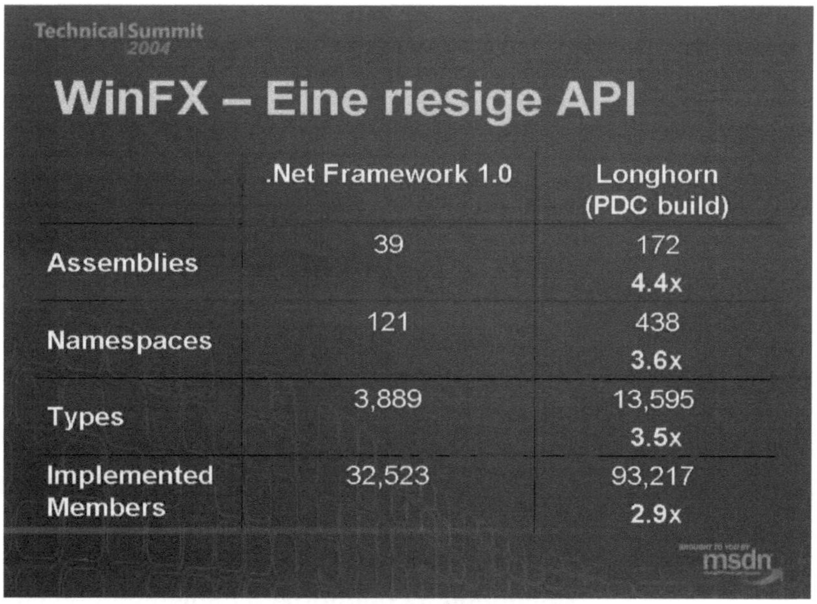

Abbildung 2 WinFX [23]

WinFX will neben der Entwicklung von High-Level Anwendungen auch eine einfache Entwicklung von Low-Level-Funktionalitäten ermöglichen. Hierbei ist eine spezielle und tief greifende Software gemeint.

Unter Longhorn wird Windows erstmals eine nach einheitlichen Richtlinien gestaltete Klassenbibliothek erhalten, die einzelne Teile des Betriebssystems kapselt.

Wie auch schon erwähnt baut WinFX auf dem bereits verfügbaren .NET auf. Das .NET-Framework stellt hierbei allerdings nur einen extrem kleinen Teil von WinFX dar, denn WinFX kapselt wirklich das komplette System, einschließlich aller Objekte die bei XP in Form von Add-on-Bibliotheken zu haben sind.

2.2 3-Säulen Modell

Microsofts Longhorn Technik stützt sich vor allem auf drei Säulen: **Avalon**, **WinFS** und **Indigo**. Hierdurch soll eine Trennung von Präsentation, Daten und Kommunikation erreicht werden. Für die Präsentation wurde Avalon, für die Datenspeicherung das Windows Future Store (WinFS) und für die Kommunikation Indigo entwickelt.

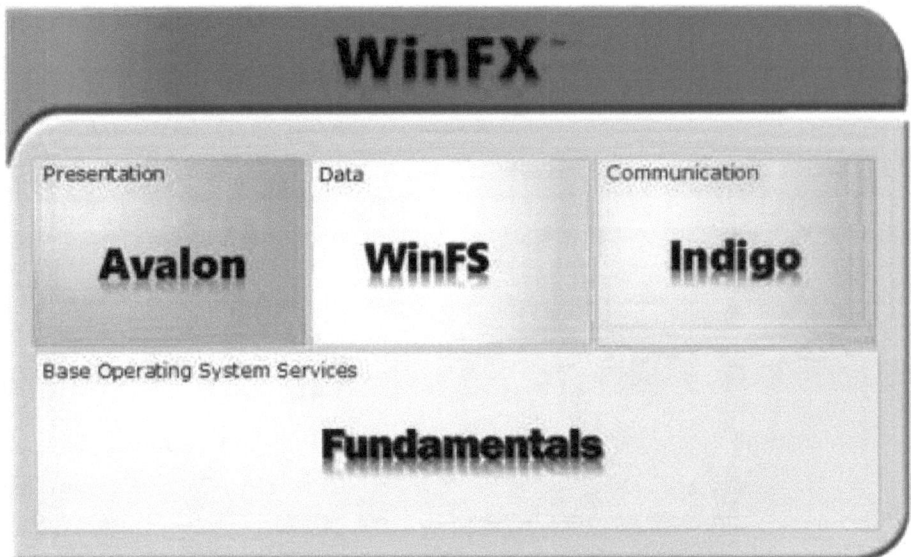

Abbildung 3 Longhorns 3 Säulen-Modell [10]

Diese drei Säulen stützen sich auf die so genannten Fundamentals (Systemdienste). Hierzu zählt z.B. das Schatten-Betriebsystem **NGSCB** und eine Funktion namens **ClickOnce**, mit der es möglich sein soll, Programme für Longhorn zu entwickeln, die sich selbstständig auf dem neuesten Stand halten. Hierbei laden sich die Anwendungen automatisch ohne Benutzer Aktion die Updates aus dem Internet herunter und halten sich so auf dem neusten Stand.

2.2.1 Avalon

Wie bei Windows üblich wird auch in Longhorn viel Wert auf ein benutzerfreundliches **Graphic User Interface (GUI)** gelegt. Das heißt Microsoft will Longhorn visuell noch ansprechender für die Benutzer gestalten. Dies soll durch die Präsentations-Säule bzw. Präsentations-Subsystem mit dem Codenamen Avalon gewährleistet werden. Avalon stellt das Next Generation Windows **User Interface (UI)** dar und ist somit das sichtbarste Thema, bei der Vorstellung der Longhorn Features. Avalon ist der Name für das GUI Framework von Longhorn und soll den Umgang mit vielen Daten, wie z.B. Office Dokumenten, Emails, aber vor allem Multimedia vereinfachen.

2.2.1.1 Ziel

Durch Avalon sollen neue Formen von Windows Anwendungen ermöglicht werden, die den Webanwendungen immer ähnlicher werden. Das bezieht sich nicht nur auf das Design, sondern immer mehr auch auf die Bedienung. Hierbei wird sehr deutlich das Microsoft das Ziel verfolgt das Beste bzw. die Vorteile vom Web (Internet) und den klassischen Windows Systemen, in dem Betriebssystem MS Longhorn zu vereinen.

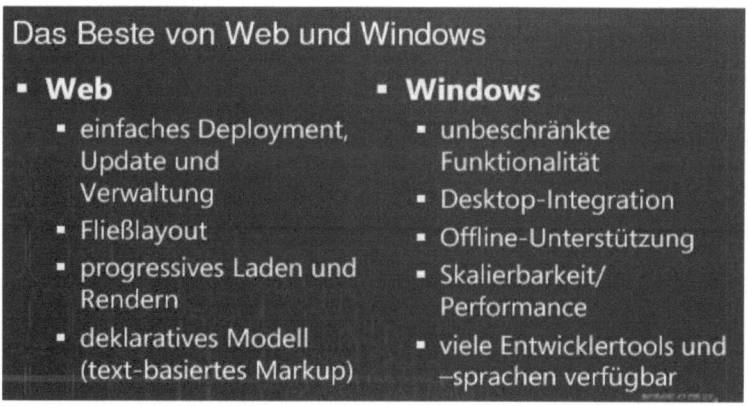

Abbildung 4 Das Beste von Web und Windows [23]

Bei vielen Longhorn bzw. Avalon Anwendungen wird man den Eindruck haben, dass diese interaktiven Clientanwendungen immer mehr wie Internetanwendungen aussehen und auch so arbeiten. Man klickt durch den Windows Explorer und hat den Eindruck man navigiert mit dem Internet Explorer durch Webpages (Beispiele siehe Anlage F). Microsoft lässt ihren Internet Explorer immer weiter mit dem Windows Explorer verwachsen und gibt auch dem User bzw. Entwickler mit der neuen e**X**tensible **A**pplication **M**arkup **L**anguage (**XAML**) die Möglichkeit neue Anwendungen in diesem Stil zu programmieren. Die im Internet immer stärker werdende Trennung zwischen Webdesign und Webprogrammierung (Funktionalität) will Microsoft durch XAML auch in Longhorn umsetzten.

2.2.1.2 Architektur und Funktionalität

Avalon baut nicht auf den herkömmlichen Windows Forms bzw. Win32 auf, sondern das .NET Framework wurde um mehrere neue Klassen erweitert. Diese neue Technologie soll die bekannten Schnittstellen wie das **G**raphical **D**evice **I**nterface (**GDI**), GDI+ und zum Teil auch DirectX ablösen und ist tief in dem Betriebssystem verwurzelt.

Bei Longhorn soll keine pixelbasierte Darstellung wie bisher, sondern eine dpi[4]-unabhängige, d.h. auflösungsunabhängige Vektorgrafik mit **W**indows **V**ector **G**raphics (**WVG**) genutzt werden. Ein Grund hierfür ist sicherlich das man mit den Bitmap-basierenden Systemen, bei den immer größer werdenden Bildschirmen mit höheren Auflösungen, schnell

---

[4] **dots per inch** / Punkte pro Zoll

an die Grenzen des Machbaren stößt. Ein weiteres Feature dieser WVG Technologie ist, dass man einen stufenlosen Zoom erhält.

Die einzelnen Elemente (wie z.B. Buttons, DataGrids oder Labels) werden sich auch ohne großen Aufwand transformieren, d.h. beliebig drehen, spiegeln, verzerren, etc. lassen, da sie über Vektoren beschrieben werden.

Die verschiedenen Technologien, die heute bestehen um Oberflächen auf dem Windows Desktop anzuzeigen sollen bei Avalon zusammengefasst werden. Avalon schafft dadurch ein einheitliches Modell für UI, Dokumente und Medieninhalte.

Das bedeutet man möchte eine flexible Architektur bekommen, die die verschiedenen Technologien integriert.

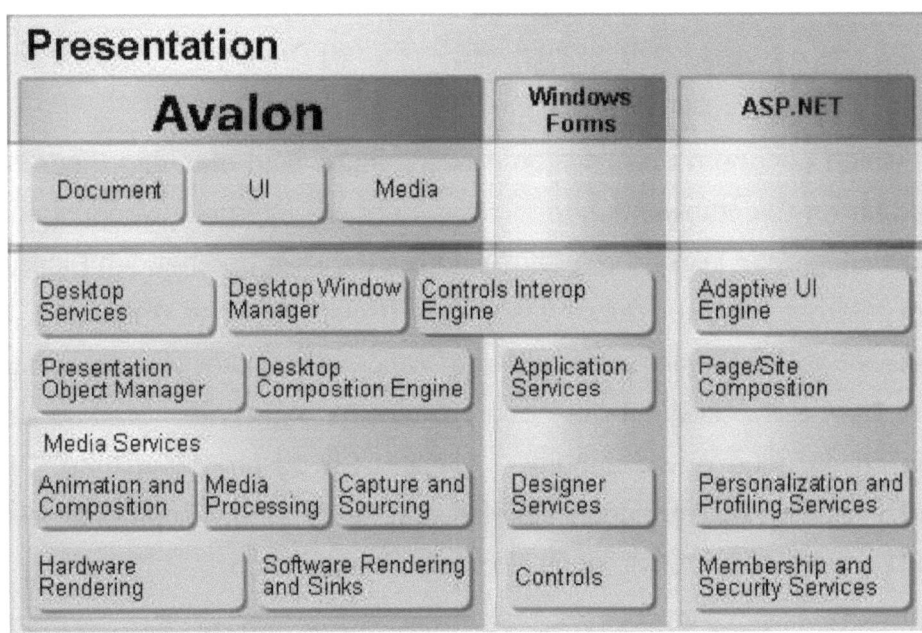

Abbildung 5 Avalon [4]

Ein herausragendes Merkmal von Avalon ist neben den vielen neuen Controls das Compositing –das einfache Überlagern von mehreren Elementen zu einem neuen. So hat man z.B. die Möglichkeit einen Button zu erzeugen, in dem man Button-, Text-, Grafik- oder sogar Videostream-Elemente übereinander legt. Dieser Button, der gar nicht mehr wie ein solcher aussieht, aber sich immer noch wie einer verhält wäre mit den heutigen Technologien nicht mit dieser Einfachheit zu realisieren.

Das Build 4051 von Longhorn ist noch 2 Dimensional, d.h. die von Microsoft angekündigte, auf dem neuen Grafik-Framework basierende grafische 3D-Benutzungsoberfläche "Aero" wurde noch nicht implementiert. Weitere grafische und funktionale Features, wie z.B. die neue Sidebar, werden in den Anlagen F anhand einiger Screenshots vorgestellt.

Um alle Möglichkeiten von Avalon sinnvoll umsetzen zu können wird man sicherlich leistungsfähige Grafik-Hardware benötigen.

2.2.1.3 XAML

XAML ist eine Markup Sprache, die Benutzeroberflächen deklarativ beschreibt und somit Windows-Anwendungen wie Internetseiten wirken lässt. Die Anwendungsoberflächen werden nicht mehr programmiert, sondern durch XAML deklariert. Es handelt sich hierbei um einen neuen Ansatz von Microsoft das GUI für Applikationen zu definieren.

Nicht nur das Navigieren sondern auch der Aufbau erinnert stark an das ASP.NET Konzept von Microsoft. Eine Trennung von UI (Darstellung) und Code kann durch das von .NET bekannte Code-Behind Konzept auch in XAML erreicht werden.

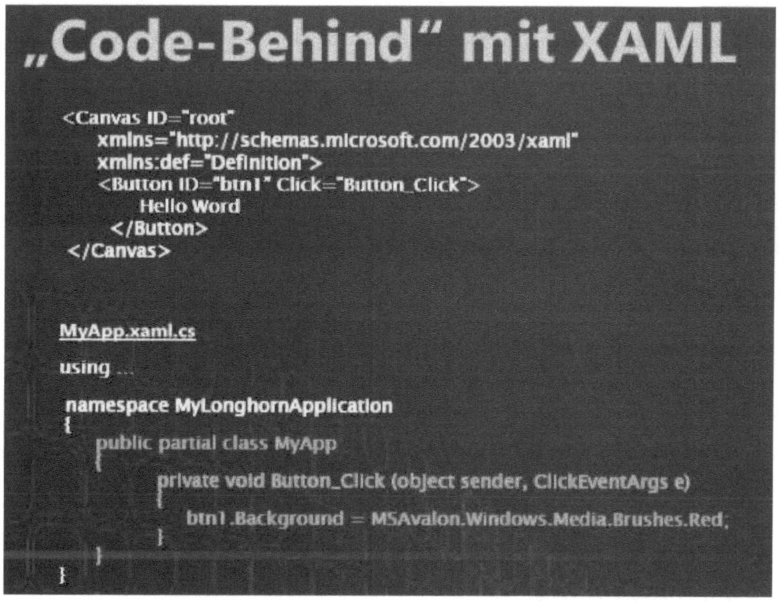

Abbildung 6 Code Behind mit XAML [23]

Avalon bzw. die Markup Sprache XAML ermöglicht eine Komposition von Elementen. D.h. Elemente wie z.B. ein Button können als Container für andere Elemente dienen. Man könnte z.B. ein Button als Container für ein Video-Stream Element benutzen.

Daneben haben alle Controls Eigenschaften die in der XAML Datei einfach hinzugefügt werden können. Neben den statischen Eigenschaften sollen auch sich zeitlich veränderbare Eigenschaften relativ einfach programmierbar sein. Dadurch können auf einfachem Wege Anwendungsoberflächen und Animationseffekte hinzugefügt werden.

Auch bei den Transformationen wie z.B. Rotation und Skalierung von Elementen bietet Avalon viele neue Features. So sollen Transformationen nicht wie bisher nur in der Ebene sondern auch 3-Dimensional im Raum durchgeführt werden können.

Diese ganzen Features geben dem Entwickler eine große Freiheit bei der Gestaltung von GUIs und ermöglichen eine flexible Anpassung von „Look and Feel".

Der Entwickler darf bei diesen Möglichkeiten aber nicht vergessen, dass die Funktionalität meistens im Mittelpunkt steht und er die Möglichkeiten der Gestaltung sinnvoll einsetzen sollte.

2.2.2 Windows Future Store (WinFS)

Auch wenn das neue Storage-Subsystem **Win**dows **F**uture **S**tore (**WinFS**) im installierten Build nur in Ansätzen zu erkennen ist, soll an dieser Stelle näher auf die neuen Techniken von WinFS eingegangen werden. WinFS wird, entgegen früher Ankündigungen, laut Bill Gates erst 2007 (Anlage G) als Erweiterung von Longhorn zum Einsatz kommen. Bei WinFS handelt es sich um einen Dateisystemaufsatz, der das herkömmliche NTFS ergänzt.

Zunächst stellt sich die Frage, warum wird überhaupt ein neues Speichersystem benötigt? Durch die immer größer werdende Flut von digitalen Informationen, haben die Datenmengen und Speicherkapazitäten in den letzten Jahren extrem zugenommen. Dadurch wird aber auch die Suche nach Informationen zum Problem Nummer eins. Die reine Volltextsuche reicht heute bei der Suche z. B. nach Bildern, Musik und Videos bei weitem nicht mehr aus, da das derzeitige Dateisystem zu wenige Ansätze für die Verwaltung von Metainformationen bietet.

2.2.2.1 Ziele von WinFS

Die Ziele von WinFS sollen vor allem sein, dass das Suchen und Finden von Informationen für den Endbenutzer erleichtert wird und sich die Organisation der Daten am Benutzer orientieren soll. Daten werden zusammen mit Metadaten[5] verwaltet und gespeichert. Über Datenbeziehungen sollen zusammenhängende Informationen leichter erkennbar gemacht werden. Liest der Benutzer z. B. ein Dokument eines Autors, so soll es im zweiten Schritt möglich sein auch gleich die E-Mail-Adresse des Autors zu erhalten.

Gleichzeitig sollen aber alle bestehenden Anwendungen weiter unter Longhorn funktionieren und können durch Metainformationen und Relationen erweitert werden.

---

[5] Alle wesentlichen Informationen werden mit Angaben zu ihrer Bedeutung versehen. Metadaten sind also Informationen über Informationen

2.2.2.2 Architektur

Über WinFS kursieren viele Gerüchte und Falschinformationen. Entgegen vieler Meldungen ist WinFS kein neues Dateisystem, sondern setzt auf dem vorhandenen Dateisystem NTFS als Systemdienst auf. WinFS steht auch nicht für Windows File Systeme, was nahe liegen würde, sondern für Windows Future Store.

Abbildung 7 Aufbau WinFS [10]

Wie in der Abbildung dargestellt wird, setzt WinFS auf dem NTFS-Filesystem auf. Darüber liegt eine relationale Datenbank, diese wird ebenfalls entgegen falscher Meldungen, laut Microsoft nicht der neue SQL-Server sein.

2.2.2.3 NTFS- Die Basis von WinFS

Da NTFS die Basis von WinFS bildet, lohnt sich ein kurzer Blick auf NTFS.

NTFS verfügt über eine Hierarchische Struktur, die man sich als einen Baum mit vielen Ästen vorstellen kann. Es enthält Verzeichnisse und diese enthalten wiederum Verzeichnisse (Ordner) oder Dateien die z.B. von Benutzern erstellt werden. So enthält eine Datei, die Datei selbst und noch zusätzliche Attribute, wie den Namen der Datei, wann sie erstellt oder auch geändert wurde. Je nach Dateityp, wie z.B. bei einer Textdatei, gibt es weitere anwendungsspezifische Attribute wie Titel, Autor oder Schlüsselwort.

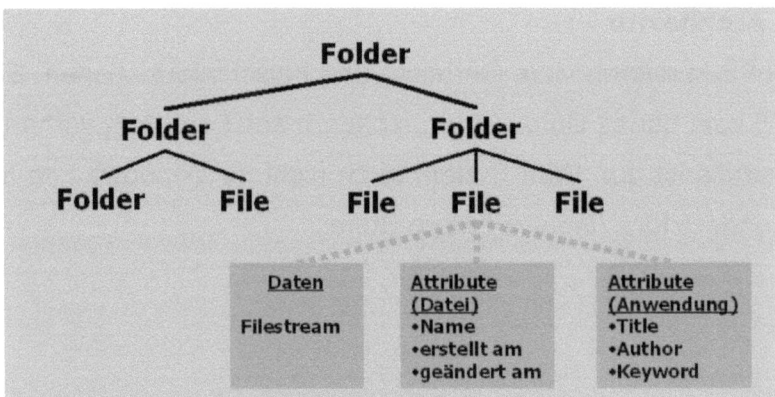

Abbildung 8 Aufbau NTFS [10]

2.2.2.4 Datenmodell-Items

WinFS speichert Items. Items kann man sich als „Informationshäppchen" vorstellen, die die Metainformationen darstellen. Diesen Items sind in der Regel Files zugeordnet. In der Meta-information steckt z. B. ein Filestream der sich im NTFS Verzeichnis befindet.

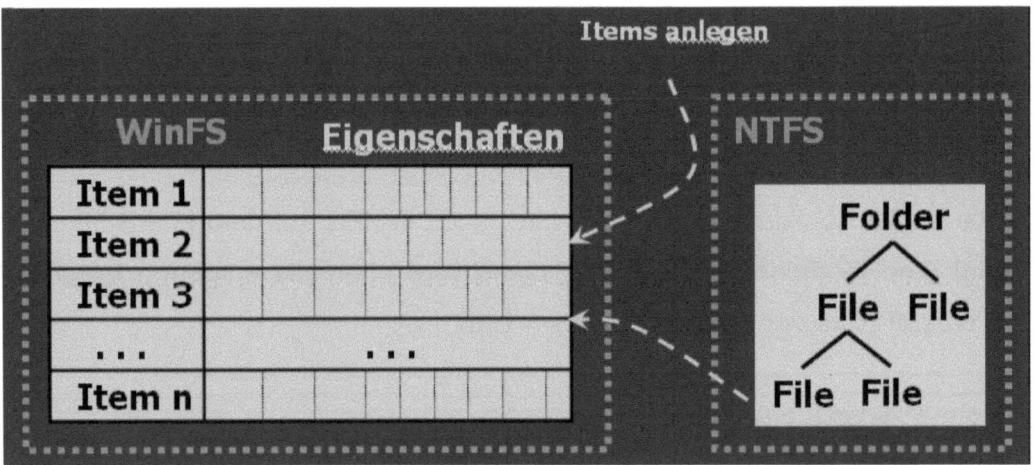

Abbildung 9 WinFS-Items [10]

Dadurch ermöglicht WinFS eine Beschreibung der Daten anhand von Metadaten. Wie oben abgebildet speichert WinFS die Daten zusammen mit den Metainformationen (Items). Die Eigenschaften von Items sind in Schemata definiert und werden in XML[6] beschrieben. Die bestehenden Schemata können auch durch eigene Schemata erweitert werden. Die unten abgebildete Abbildung zeigt einige vordefinierte Schemata, wie z.B. vom Typ File oder Pho-to.

---

[6] XML steht für Extensible Markup Language. Mit XML kann die Struktur von Daten beschrieben werden.

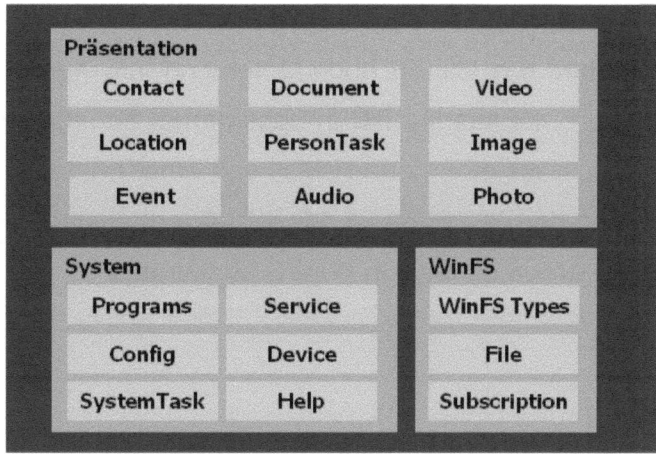

Abbildung 10 WinFS vordefinierte Schemata [10]

Ein Beispiel für ein Schemata befindet sich in der unten abgebildeten Abbildung. Die Basisklasse ist hier z.B. Item. File, Document, Contact usw. sind von der Basisklasse abgeleitete Klassen. Person ist z. B. wiederum von Contact abgeleitet und hat die Eigenschaften Name, Adresse, Geburtstag… .

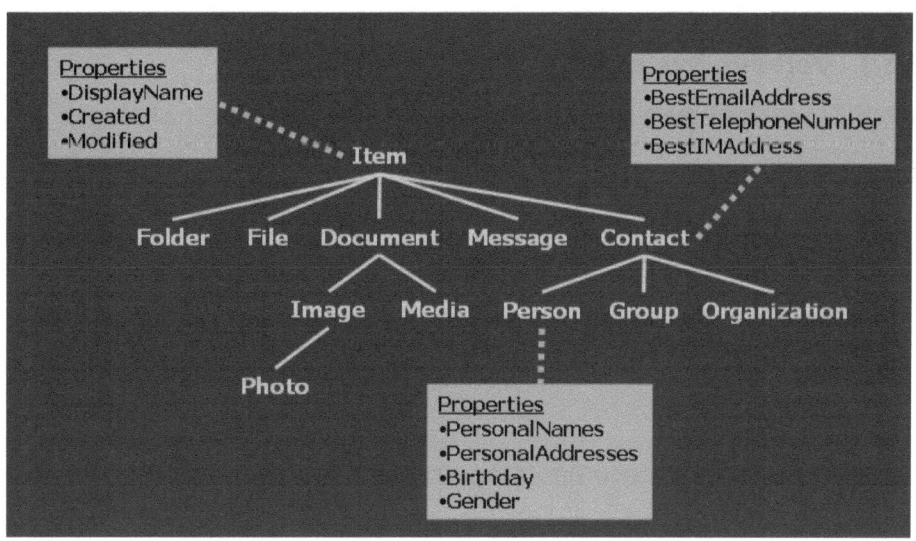

Abbildung 11 Schemata Beispiel [10]

Items können auch z. B. durch Relationen miteinander verknüpft werden.

Ein Quelltextauszug für das Anlegen eines Schemas, das Erstellen und Suchen nach einem Item befindet sich in Anlage C.

2.2.2.5 Info-Agenten

Ein weiteres Feature das WinFS noch bietet sind Info-Agenten. In Info-Agenten können die Benutzer festlegen, wie sich ihr PC in bestimmten Situationen verhalten soll. So kann z. B. festgelegt werden, dass eine neue E-Mail von einer bestimmten Person auf das Handy umgeleitet wird, wenn der PC offline ist. Mit Info-Agenten sind alle erdenklichen Varianten möglich. Die Regeln werden als Item in WinFS abgelegt.

2.2.3 Indigo

Die 3. Säule von Longhorn bildet das Kommunikations-Subsystem mit dem Codenamen „Indigo". Indigo kann auch als ein Teil der WinFX Vision betrachtet werden und ist eine Kommunikationsschnittstelle, um in verteilten Systemen Informationen und Daten austauschen zu können. Es ist eine Architektur um Service-orientierte Systeme zu bauen und zu warten bzw. zu verwalten. Indigo ist daher für jedes Bit zuständig, das unser System verlässt. Über Indigo hat man z.B. die Möglichkeit mit einem Web Service zu kommunizieren oder Transaktionen durchzuführen. Um Indigo beschreiben zu können muss jedoch als erstes geklärt werden, was „verteilte Systeme" eigentlich sind.

2.2.3.1 Verteilte Systeme

Nach [23] versteht man unter dem Begriff eines „verteilten Systems" folgendes:

> Ein verteiltes System liegt vor, wenn mehrere Rechner, die über ein eigenes Betriebs- oder Anwendungssystem verfügen,
> - über Datenkommunikationswege untereinander verbunden sind,
> - eine oder mehrere Anwendungen durch systeminterne Aufgabenteilung unterstützen.

In großen Unternehmensumgebungen bzw. Netzwerken hat man meist keine homogenen Systeme sondern arbeitet auf der Basis von verschiedenen Technologien. Einzelne „Systemsilos", die mit jeweils eigenen Daten arbeiten, gilt es jedoch zu vermeiden. Schon alleine um eine redundante Datenhaltung zu verhindern benötigt man eine Kommunikationsschnittstelle zwischen den einzelnen Systemen.

Hierzu sollte eine Service-orientierte Architektur, wie sie Indigo darstellt, zum Einsatz kommen.

2.2.3.2 Ziel

Das Ziel dieser Indigo Vision ist es, die drei wichtigsten Plattformen: WebSphere (IBM), WebLogic (BEA) und Indigo (Microsoft) untereinander kommunizieren zu lassen. Man möchte eine Interoperabilität zwischen diesen Systemen schaffen.

Microsoft möchte mit Indigo dem Entwickler die Programmierung vereinfachen, daher haben sie sich entschlossen ein Service-orientiertes Programmiermodell zu entwickeln.

Das zweite Ziel ist es mittels Indigo, DCOM[7] zu ersetzen und trotz dem Einsatz von XML die Performance zu steigern.

Der Vorteil von Indigo soll sein, dass ein einheitlicher Stack für alle Remoting-Technologien der **C**ommon **L**anguage **R**untime (**CLR**) gebildet wird.

2.2.3.3 Einsatz von Indigo

Microsoft sieht offenbar großen Handlungsbedarf darin, Entwicklern die Entwicklung von verteilten Anwendungen möglichst zu vereinfachen.

Indigo stellt eine Vielzahl an Schnittstellen und Diensten zur Verfügung, damit die Entwickler schnell und einfach Anwendungen schreiben können, die Nachrichten senden, empfangen und verarbeiten können – egal über welches Protokoll oder Medium.

Bisher wurden für den Einsatz zwischen verteilten Systemen verschiedene Technologien wie z.B. DCOM, .NET Remoting, Web Services, RPC, Message Queues, etc. eingesetzt. Indigo ist der Nachfolger dieser Technologien und bildet somit alle diese Funktionalitäten in einer API ab. Der Entwickler muss daher vor der Umsetzung auch keine Wahl treffen, mit welcher dieser „alten" Technologien er die Kommunikation realisieren möchte.

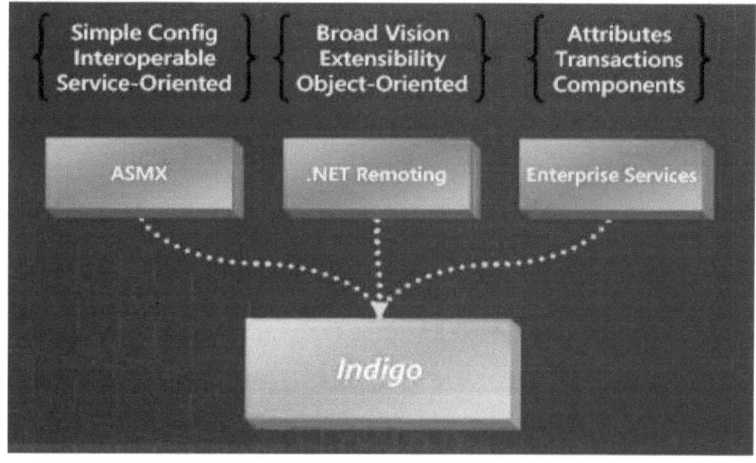

Abbildung 12 Was ist Indigo [23]

---

[7] Distributed component object model (DCOM). Eine Erweiterung des COM-Standards, bei der die Kommunikation von Objekten in einem Netzwerk definiert wird.

Durch die Kombination von ASMX, .NET Remoting, .NET Enterprise Services und System Messaging in einem Framework können Entwickler Features wie Transaktionen, Sicherheit und damit einen verlässlichen Nachrichtenaustausch nutzen. Die Kernelemente eines Web Services, XML und SOAP werden natürlich auch von Indigo unterstützt.

Microsoft bietet für die kommenden Web Services bzw. für XML und SOAP zusätzliche Sicherheitsfeatures, eine verbesserte Verlässlichkeit und Transaktionsfähigkeit. Aber auch klassische Sicherheitsfeatures, wie die Verschlüsselung mittels öffentlicher und symmetrischer Schlüssel sowie Zertifikate wurden in Indigo implementiert.

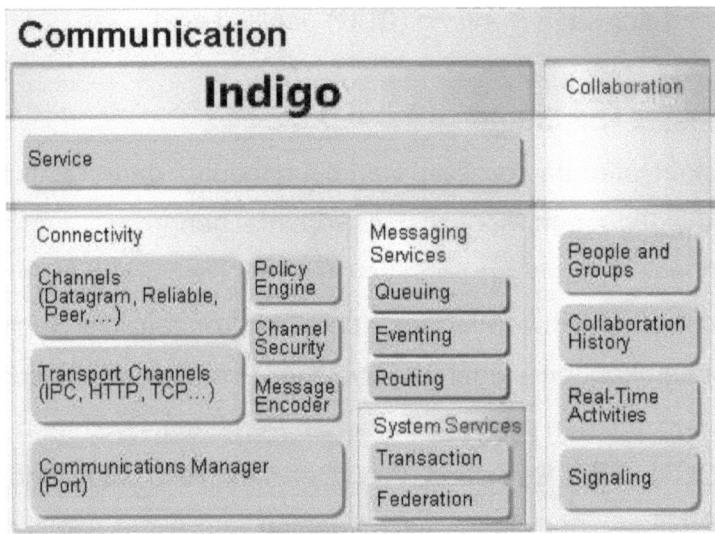

Abbildung 13 Communication [4]

Indigo existiert gemeinsam mit ASP.NET V2 –dem Whidbey ASP.NET Modell, dadurch gibt es nur eine Runtime, ein Prozessmodell und einen Weg um Services zu starten, wieder runter zu fahren oder zu recyceln. Man bekommt einen gemeinsamen Namespace und gemeinsame Listener für die Services, da alles in der gleichen Infrastruktur gehostet wird.

Indigo erleichtert die Programmierung nicht nur auf der High- sonder auch auf der Low-Level Kommunikationsebene, jeweils mit dem Ziel der Interoperabilität.

Das „Indigo service model", der „Indigo connector", die „Hosting environments" und die „System and messaging services" können als wichtige Subsysteme von Indigo angesehen werden.

Das primäre Subsystem für die Low-Level Kommunikation ist der Indigo Connector. Dieser bietet ein SOAP basierendes managed Framework für eine sichere und messageorientierte Kommunikation. Die Kernstücke hierzu sind die Ports, die Channels und die Messages.

Der Indigo Connector ermöglicht es messageorientierte Anwendungen zu entwickeln, die von der Zielplattform und der Transporttechnologie unabhängig sind.

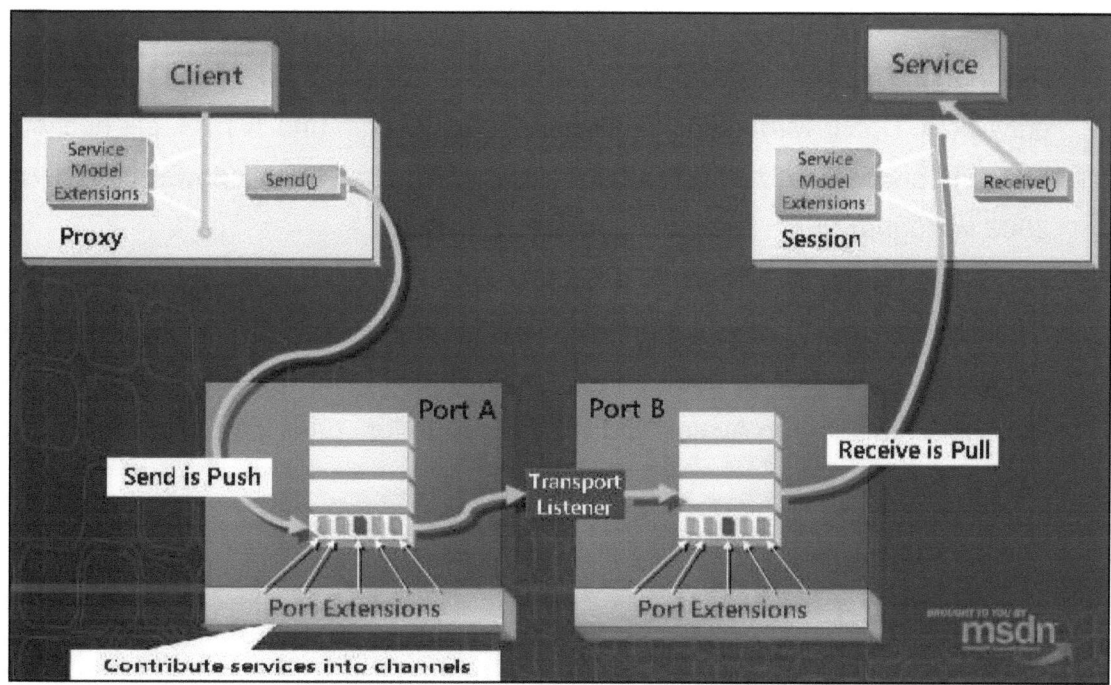

Abbildung 14 Services in Action [23]

Abbildung 14 zeigt wie ein Proxy den Aufruf eines Clients bzw. die Datenstruktur in eine Message umwandelt, die dann per „Push" in die Queue eines Ports gegeben wird und von hieraus weiter in einen Channel gelangt. Jeder Port liefert „Indigo Port Extensions", wie z.B. Transaktionen oder Sicherheitsfeatures.

Der Transport wird über ein beliebiges Protokoll durchgeführt. Die Session lauscht an Port B und holt sich die Nachrichten per „Pull" und übergibt diese, in Form von Datenstrukturen, an den Service.

Der Vorteil dieser „Push-Pull"-Architektur ist, dass Nachrichten erst dann abgeholt werden, wenn man sie wirklich benötig. Dadurch wird eine optimale Arbeit ermöglicht.

Wenn man verteilte Applikationen schreibt, sollte man auch schon heute auf einiges achten, um später die Migration nach Indigo zu vereinfachen. Man sollte für Standard Methoden, um zwischen Prozessen zu kommunizieren, auch wenn sie auf der gleichen Maschine laufen, ASP.NET Web Services nutzen. Wenn diese zu langsam sein sollten oder einfache Sicherheit und Transaktionen benötigt werden, dann sollte man die Enterprise Services einsetzen. Diese Technologien werden im Gegensatz zu .NET Remoting später eine viel einfachere Migration nach Indigo gewährleisten.

Um einen Web Service nach Indigo zu migrieren reicht es aus den Namespace zu ändern und das Projekt neu zu kompilieren.

2.2.3.4 Verfügbarkeit

Die Indigo Technologie wird nicht nur speziell für Longhorn, sondern für alle MS Produkte entwickelt. Daher wird Indigo im Gegensatz zu Avalon und WinFS, die höchstwahrscheinlich erst mit Longhorn offiziell verfügbar sein werden, auch für Windows XP und Windows Server 2003 verfügbar sein.

Ein Grund hierfür ist sicherlich, dass Microsoft in Indigo eine bahnbrechende neue Kommunikationsarchitektur sieht, mit der die Service-orientierte Entwicklung von Applikationen auch für den Windows Server 2003 und XP deutlich einfacher werden. Einige Features von Indigo sind jedoch so eng an Avalon und WinFS gebunden, dass sie trotzdem nur in Longhorn verfügbar sein werden.

2.3 NGSCB

Microsofts Sicherheitstechnologie **N**ext **G**eneration **S**ecure **C**omputing **B**ase (**NGSCB**) bildet die Basis des 3-Säulen-Modells. NGSCB hieß zunächst „Palladium", bevor Palladium in NGSCB umbenannt wurde. Die Grundidee von NGSCB ist es sensible Daten wie Passwörter, oder Vorgänge wie z. B. Homebanking in einen separaten, besonders geschützten Bereich des Computers zu verlegen. Hierdurch soll Hackern oder auch anderen Programmen der Zugriff erschwert werden.

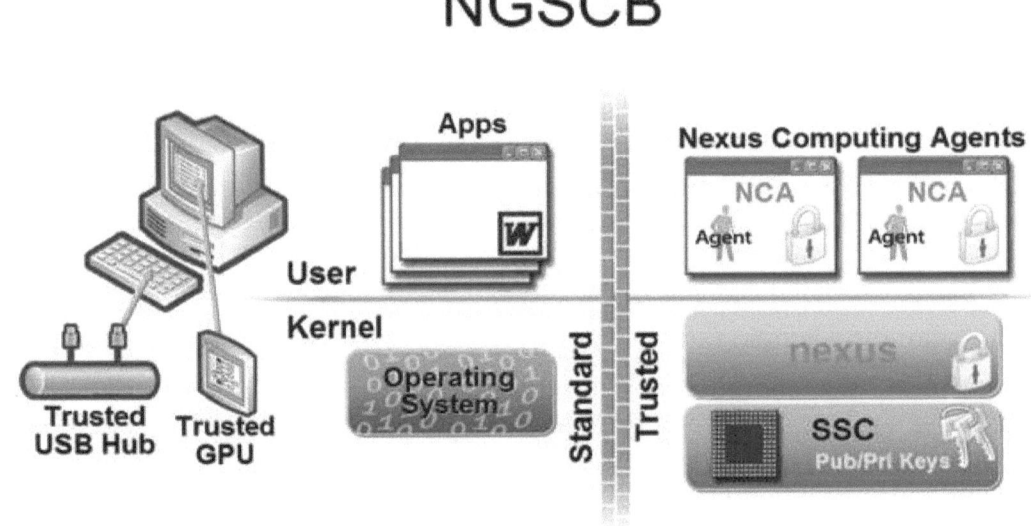

Abbildung 15 NGSCB-Nexus [19]

Das Herzstück von NGSCB ist nicht nur die Trennung in Benutzer- und Kernmodus, sondern auch in einen normalen und vertrauenswürdigen Modus.

NGSCB ist eine Art Schattenbetriebssystem mit strengem Speicherschutz für speziell gesicherte Anwendungen. Durch NGSCB wird innerhalb des Arbeitsspeichers eine abgeschottete Umgebung geschaffen. Dieser Softwarekern wird **Nexus** genannt.

2.3.1 Sicherheit durch Hard- und Software

2.3.1.1 TPM-Chips

NGSCB läuft parallel zu Longhorn und setzt auf spezielle Hardware-Komponenten, die derzeit noch entwickelt werden. Die Sicherheit soll über die enge Zusammenarbeit von Hardware- und Software-Komponenten erreicht werden. Unerlaubte Zugriffe werden künftig nicht nur durch Firewalls, Virenscanner oder Spam-Filter, sondern auch durch einen speziellen Trusted Plattform Module (TPM)-Chip unterbunden. Der TPM-Chip[8] unterscheidet zwischen Programmcode, der als glaubwürdig signiert ist und dem Code anderer, potenziell verdächtiger Software. Dadurch kann die berechtigte Software erkannt und unberechtigte zurückgewiesen werden, so dass z.B. ein Virus nicht zur Ausführung kommt. Der TPM-Chip ist nicht an einen einzelnen Benutzer, sondern an das gesamte System gebunden. Der Chip enthält eine eindeutige Kennung zur Identifizierung und Authentifizierung des Rechners. Der TPM-Chip wurde nicht von Microsoft entwickelt, sondern wurde von der Trusted Computing Group (TCG), der Firmen wie HP, IBM oder Intel angehören spezifiziert.

2.3.1.2 Nexus Computing Agents

Innerhalb des sicheren Bereichs existieren **Nexus Computing Agents** (**NCAs**). Die NCAs sind die Sicherheitskomponenten der Anwendungen, die über das Betriebssystem und den Chip berechnet und ständig auf ihre Konsistenz geprüft werden. Benutzer oder Benutzergruppen sollen jedoch die Möglichkeit haben, eigene Routinen zur Erzeugung dieser Ablaufumgebung zu entwickeln. Microsoft will die zur Programmierung der NGSCB-Umgebung erforderlichen Schnittstellen offen legen, so dass im Prinzip jeder Programmierer Software schreiben kann, die NGSCB nutzt.

---

[8] TPM-Chips werden bereits heute in u.a. in IBM Thinkpad Notebooks eingebaut und sind beschränkt nutzbar

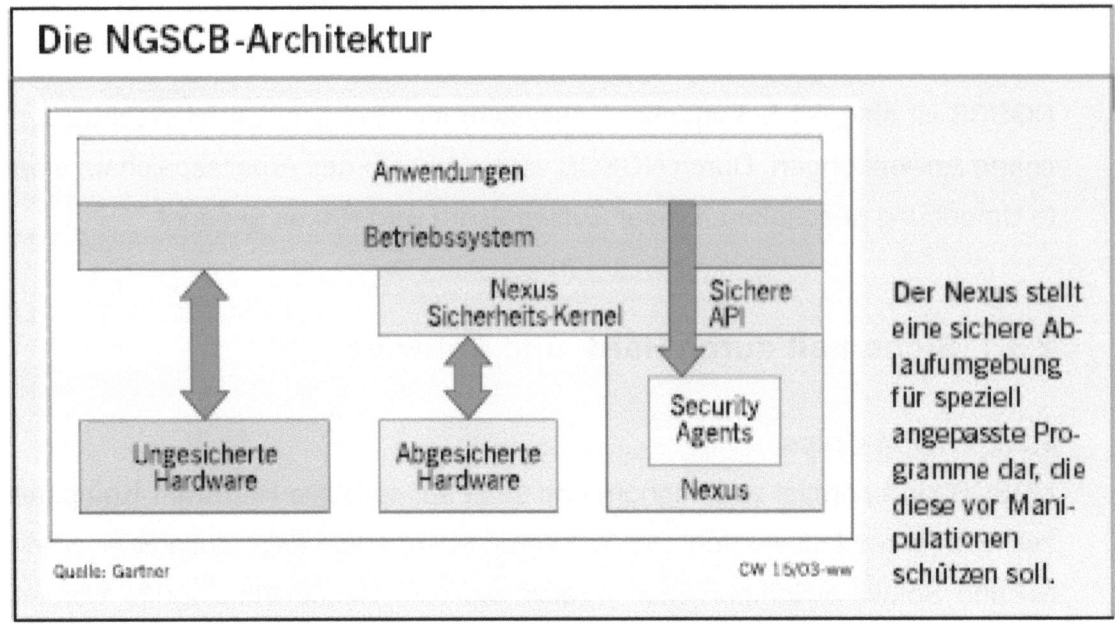

Abbildung 16 NGSCB-Architektur [19]

2.3.1.3 Security Support Component

Für Verschlüsselungsoperationen wird ein Chip namens **SSC** (**S**ecurity **S**upport **C**omponent) verwendet. Der Chip kann z.B. die Verschlüsselungsschlüssel, die von Nexus oder den NCAs benutzt werden sicher speichern. Der Chip unterstützt die privat- public key Verschlüsselung nach dem RSA Algorithmus, die symmetrische Verschlüsselung AES und die Hashwertberechnung SHA-1. Der SSC-Chip kann auch für die Datenübertragung von und zu Peripheriegeräten verwendet werden, wenn die Peripheriegeräte ebenfalls eine Verschlüsselung unterstützen.

2.3.1.4 Wird NGSBC unter Longhorn zur Pflicht?

Microsoft tritt der Behauptung entgegen, dass niemand gezwungen werde, NGSCB einzusetzen, selbst Anwender die einen Rechnern besitzen der NGSCB unterstützt, müssten nicht zwangsläufig diese Option einschalten. Auch brauche niemand zu befürchten, dass Programme nicht mehr funktionierten. Sämtliche Applikationen, die heute im Einsatz sind, werden weiterhin laufen, beteuert Microsoft - nur eben ohne die erweiterten Sicherheitsfunktionen, wie NGSCB sie bereitstellen soll.

Obwohl Longhorn und NGSCB auch auf älteren Rechnern laufen sollen, werden Anwender nicht um die Anschaffung neuer Geräte mit SSC herumkommen, wenn sie die zusätzlichen Sicherheitsfunktionen nutzen wollen.

2.4 Sicherheitsanalyse Longhorn

Einen weiteren Beitrag zur Sicherheit des Betriebssystems trägt natürlich auch die in Longhorn integrierte Firewall bei.

Das Longhorn Build 4051 besitzt eine verbesserte Version der Firewall aus dem Service Pack 2 für Windows XP. Lauf Microsoft ist Sie intelligenter und mit mehreren Filtern und Ausnahmen ausgestattet. Die Firewall unterstützt einen wirklichen zwei-Wege Schutz, für eingehende und ausgehende Anfragen (Windows XP SP2 nur für eingehende Anfragen).

Dadurch werden böswillige Anwendungen daran gehindert, ohne das Wissen des Benutzers Verbindungen nach außen aufzubauen.

Die Firewall ist nach der Installation automatisch aktiviert. In der Systemsteuerung sucht man aber vergeblich nach der Firewall. Im Longhorn Build 4051 gibt es keine separate Oberfläche um die Firewall für die persönlichen Bedürfnisse zu konfigurieren. Bei genaueren Nachforschungen entdeckt man die Firewall aber unter Services, in den Administrativen Tools.

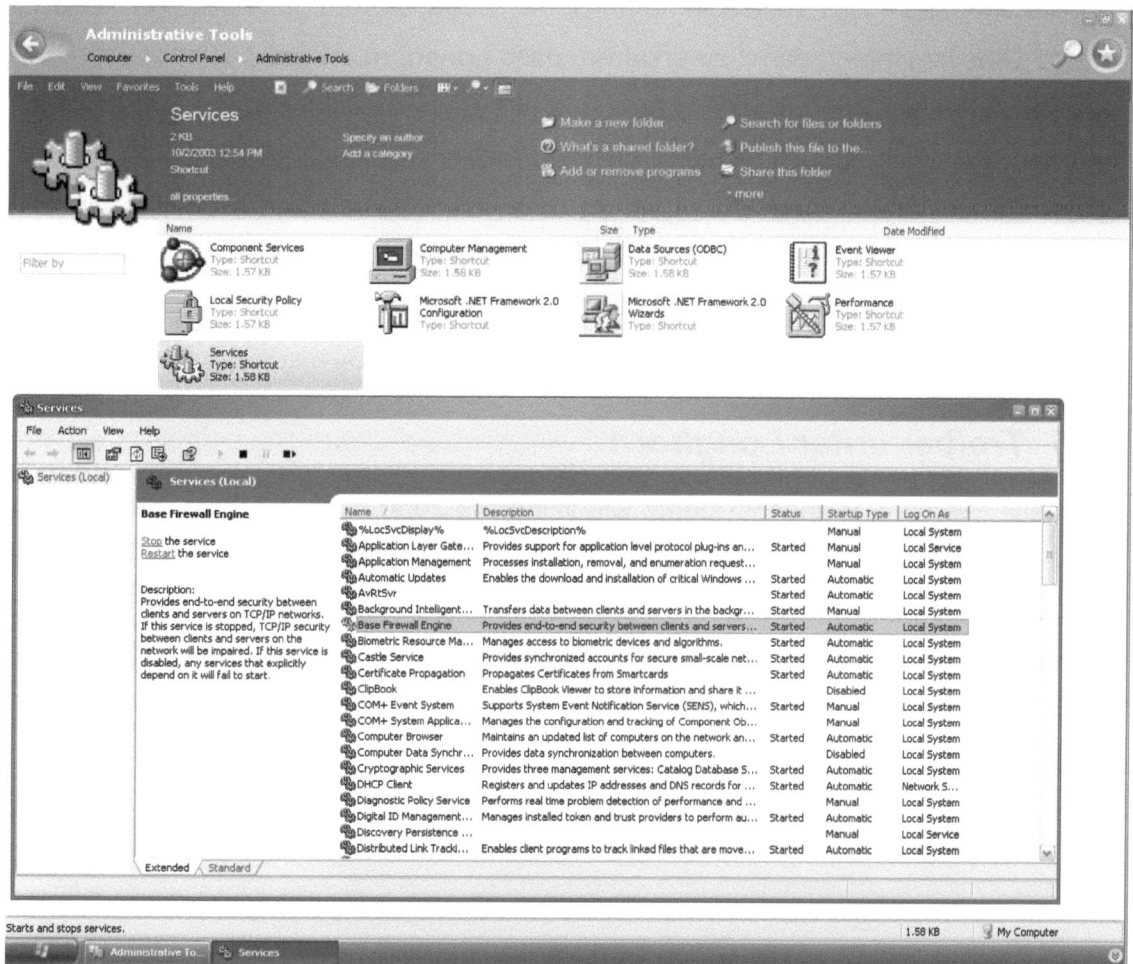

Abbildung 17 Longhorn Services-Firewall

Um zu testen in wie weit die Longhorn-Firewall gegen Angriffe von außen schützt, wird mit dem Open-Source Sicherheitstool Nessus[9] eine Analyse durchgeführt.

Zunächst wird ein Portscann mit aktivierter Firewall durchgeführt. Erwartungsgemäß blockt die Firewall alle Scanns ab. Um dennoch zu testen ob Longhorn gravierende Sicherheitslöcher hat, wird die Analyse bei deaktivierter Firewall wiederholt.

Bei der Analyse mit deaktivierter Firewall wurden insgesamt die folgenden Schwachstellen entdeckt:

- 4 Sicherheitslöcher (hohes Risiko)
- 22 Warnmeldungen (niedriges Risiko)
- 13 offene Ports

Alle vier Sicherheitslöcher beziehen sich auf Microsofts NetBios Nachfolger CIFS, wobei ein Loch eine Dateifreigabe ist. Fast schon für Microsoft typisch, ist die Null-Session offen. Die Null-Session ermöglicht es, sich als Gast an Longhorn anzumelden, um letztendlich die Kontrolle über das Betriebssystem zu übernehmen. Die anderen beiden Löcher betreffen ebenfalls den CIFS-Port, wobei sich jedoch beide durch das Einspielen eines Hotfixes schließen lassen. Hier stellt sich natürlich die Frage, warum gibt es schon Hotfixes für Longhorn? Dies ist einfach damit zu erklären, dass Longhorn im Build 4051, noch zu einem sehr großen Anteil auf Windows XP basiert und hier Sicherheitslücken von Windows XP entdeckt wurden. Es sollten jedoch nicht nur die großen Sicherheitslöcher betrachtet werden, sondern auch die kleineren Warnmeldungen, da diese oft Auskunft darüber geben, welche Dienste auf dem System laufen (Banner-Grabbing). Die gesamte Nessus-Sicherheitsanalyse befindet sich unter Anlage E.

2.5 Treiber unter Longhorn

Aktuelle Microsoft Betriebssysteme wie Windows 2000 oder Windows XP haben für die Benutzer in Unternehmen vor allem das Problem, dass Treiber nur mit der Administratorrechten installiert werden können, sowie dass die Sicherheitsrichtlinien vom Install-Kontext abhängen. Oder was passiert, wenn Treibererweiterungen benötigt werden und der Benutzer die Treiber CD nicht mehr finden kann?

---

[9] Nessus wird detailliert unter Anlage D beschrieben.

2.5.1 Longhorns Treiberinstallationsarchitektur

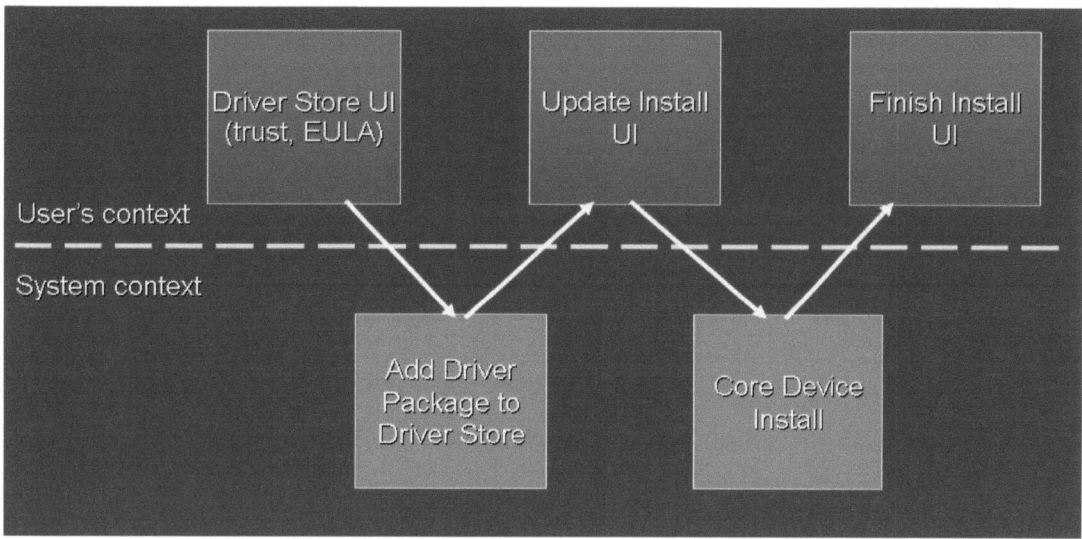

Abbildung 18 Treiberarchitektur [2]

Die neue Treiberinstallationsarchitektur von Longhorn gliedert sich wie in der oben abgebildeten Grafik. Im Folgenden werden die einzelnen Teile beschrieben.

Driver Store UI

Unter Microsoft Longhorn wird sich die Treiberinstallation grundlegend ändern, alle Treiber die installiert werden sollen, müssen über digitale Signaturen als vertrauenswürdig eingestuft sein. Dies geschieht vor allem aus Sicherheitsgründen.

Um z. B. einen Selbstentwickelten Treiber als vertrauenswürdig einzustufen gibt es mehrere Möglichkeiten:

- Über das Windows Logo Programm.
- Als lokaler Administrator kann ein Treiberpaket als vertrauenswürdig eingestuft werden. (Gilt nur den lokalen Rechner)
- Als Domainadministrator kann ein Treiberpaket für die gesamte Domäne als vertrauenswürdig eingestuft werden

Zusätzlich wird es für jeden Treiber einen Authentifizierungscode geben, damit die Administratoren verifizieren können, woher die Treiber stammen, sowie ob die Treiber seit der Veröffentlichung durch den Hersteller geändert wurde.

All diese Überprüfungen geschehen im Driver Store UI.

Driver Store

Der Driver Store ist ein gesicherter Ort auf der lokalen Festplatte, wohin das gesamte Treiberpaket kopiert wird, das heißt in Zukunft wird es kein Nachinstallieren von CD mehr geben. Nur Treiber die sich im Driver Store befinden, können für eine Systemkomponente installiert werden. Erst während der Ausführung werden dann viele Treiber aus dem Driver Store geladen. Um all diese Arbeiten kümmert sich die Device Install Engine. Sie sucht nach den entsprechenden Treibern, oder kopiert einzelne Dateien aus dem Driver Store.

Update Install

Wie aus allen anderen Microsoft Betriebssystemen bekannt, gibt es natürlich unter Longhorn die Möglichkeit Treiberupdates zu machen. Beim Update werden dann die eigentlichen Treiberdateien aktualisiert bzw. ersetzt.

Core Device Install

Hier geschieht die eigentliche Arbeit, Dateien werden kopiert, die Registry modifiziert oder Plug and Play Eigenschaften behandelt. Die Installation im Core Device geschieht ohne Benutzerinteraktion. Für jede Installation wird ein neuer Prozess generiert. Ist z. B. eine Datei nicht vorhanden oder ein Treiber nicht signiert, kann der Benutzer nicht eingreifen, ein Rollback findet statt.

Finish Install

Sobald die Installation der Treiber von Seiten des Systems abgeschlossen ist, hat der Benutzer wenn nötig z.B. noch die Möglichkeiten Konfigurationsparameter für den Treiber einzugeben.

2.6 Performancevergleich Longhorn vs. Windows XP

Beim Erarbeiten der neuen Konzepte von Longhorn und der anschließenden Analyse von Microsoft Longhorn direkt am Rechner viel sehr oft auf, dass z.B. für WinFS oder NGSCB zwar bereits schon Ordner mit Dateien darin angelegt sind, jedoch die Implementierung dieser neuen Techniken noch nicht sehr weit voran geschritten ist. Oft machte es den Anschein, Windows XP mit neuer verbesserter Oberfläche vor sich zu haben.

Um deshalb herauszufinden, ob das Longhorn Build 4051 noch größten Teils auf Windows XP basiert, wurden in einem Performancevergleich zwischen den beiden Betriebssystemen einfache Tests durchgeführt, die das Empfinden eines normalen Benutzers widerspiegeln.

Performancetests

Betriebssystem	Microsoft Code Name Longhorn		Microsoft Windows XP	

Longhorn — Microsoft Windows Code Name

Windows XP — Microsoft

Systemtests

Booten des Systems	110 sek.		56 sek.	

Tests zu Whidbey

	1.Mal	2.Mal	1.Mal	2.Mal
Start Whidbey	4 Sekunden	1 Sekunde	4 Sekunden	1 Sekunde
ASP.NET Neues C# Projekt anlegen	9 Sekunden	2,5 Sekunden	9 Sekunden	2,5 Sekunden

Allgemeine Tests

	1.Mal	2.Mal	1.Mal	2.Mal
Start Explorer	1 Sekunde	1 Sekunde	2 Sekunden	0,5 Sekunden
Start Internet Explorer	3 Sekunden	2 Sekunden	2 Sekunden	0,5 Sekunden
Start Media Player	1 Sekunde	1 Sekunde	1 Sekunde	1 Sekunde

Abbildung 19 Performance Vergleich Longhorn vs. WinXP

Wie oben abgebildet erhärtet sich der Verdacht, dass Windows XP und das Longhorn Build 4051 noch die fast identische Basis benutzen. Insgesamt viel auf, dass Longhorn noch wesentlich länger zum booten als sein Vorgänger benötigt, aber sonst immer gleichauf liegt.

Aus den Performancetest lässt sich ableiten, dass das Longhorn Build größten Teils wohl immer noch auf XP basiert und zum jetzigen Stand der Entwicklungen kaum bzw. wenig in Managed Code programmiert wurde.

Der Verdacht das Microsoft Longhorn kaum Managed Code benutzt wird ebenfalls durch ein Interview von zdnet mit Bill Gates bestätigt.

Gates: Longhorn ist eine riesige Herausforderung, und mit Longhorn kommt die zunehmende Nutzung von .Net Manged Code. Das passiert jedoch nicht übernacht. Wir haben damit vor Longhorn begonnen und wir machen auch nach Longhorn damit weiter (Anlage G).

3 .NET Framework

Diese Studienarbeit bezieht sich neben der Analyse von Microsoft Longhorn auch auf die neue Microsoft Entwicklungsumgebung mit dem Codenamen „Whidbey". Um den „Visual Studio .NET" Nachfolger näher analysieren zu können sollte allerdings zuerst der Begriff des „.NET Frameworks" erläutert werden.

3.1 Was ist das .NET Framework?

Überall wird nur noch von .NET gesprochen. Bei einer Google-Suche nach diesem Begriff erhält man ca. 844 Millionen gefundene Seiten. Da sollte man sich natürlich die Frage stellen, was sich eigentlich dahinter verbirgt.

.NET ist im Wesentlichen eine Umgebung für Entwicklung, Einsatz und Ausführung von Anwendungen und Services auf der Basis aktueller Microsoft Windows Betriebssysteme. Ein zentrales Element von .NET ist das umfangreiche .NET Framework, das im Januar 2002 freigegeben wurde. Dessen Kernelemente sind zum einen die Laufzeitumgebung und zum anderen die objektorientierte Klassenbibliothek, die .NET Framework Class Library (FCL). .NET verfolgt das Ziel, die Programme in mehreren Programmiersprachen (VB.NET, C#, JScript.NET, etc.) für eine Plattform zu entwickeln.

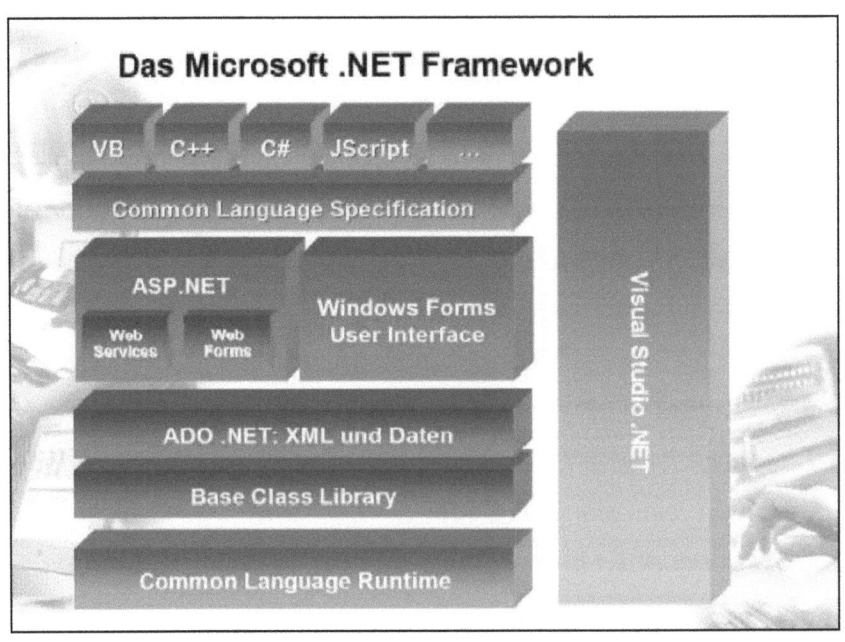

Abbildung 20 .NET Framework [11]

Die grundlegende Idee hinter .NET ist das Konzept gemeinsamer Objekte für die Programmiersprachenunabhängige Entwicklung der Anwendungen. Wie auch die JAVA Architektur basiert die .NET Architektur auf einer virtuellen Maschine und stellt eine Laufzeitumgebung zur Verfügung, die **C**ommon **L**anguage **R**untime (**CLR**). JAVA wie auch .NET arbeiten mit einem plattformunabhängigen Zwischencode. Dieser Zwischencode heißt **M**icrosoft **I**ntermediate **L**anguage (**MSIL**). Zur Laufzeit wird der MSIL-Code von einem so genannten **J**ust-**I**n-**T**ime-Compiler (**JIT**) in einen prozessorspezifischen Maschinencode (Native Code) umgewandelt. Der JIT Compiler berücksichtigt prozessorspezifische Optimierungen. MSIL-Code, der von der CLR ausgeführt wird, heißt Managed Code. Im Gegensatz dazu wird herkömmlicher Code als Unmanaged Code bezeichnet und direkt in den Maschinencode übersetzt.

Die CLR löst das Problem, dass bisher jede Sprache ihre eigene Laufzeitumgebung benötigt. Da kompiliert und nicht - erst während der Laufzeit - interpretiert wird, sind die Performanceverluste gering.

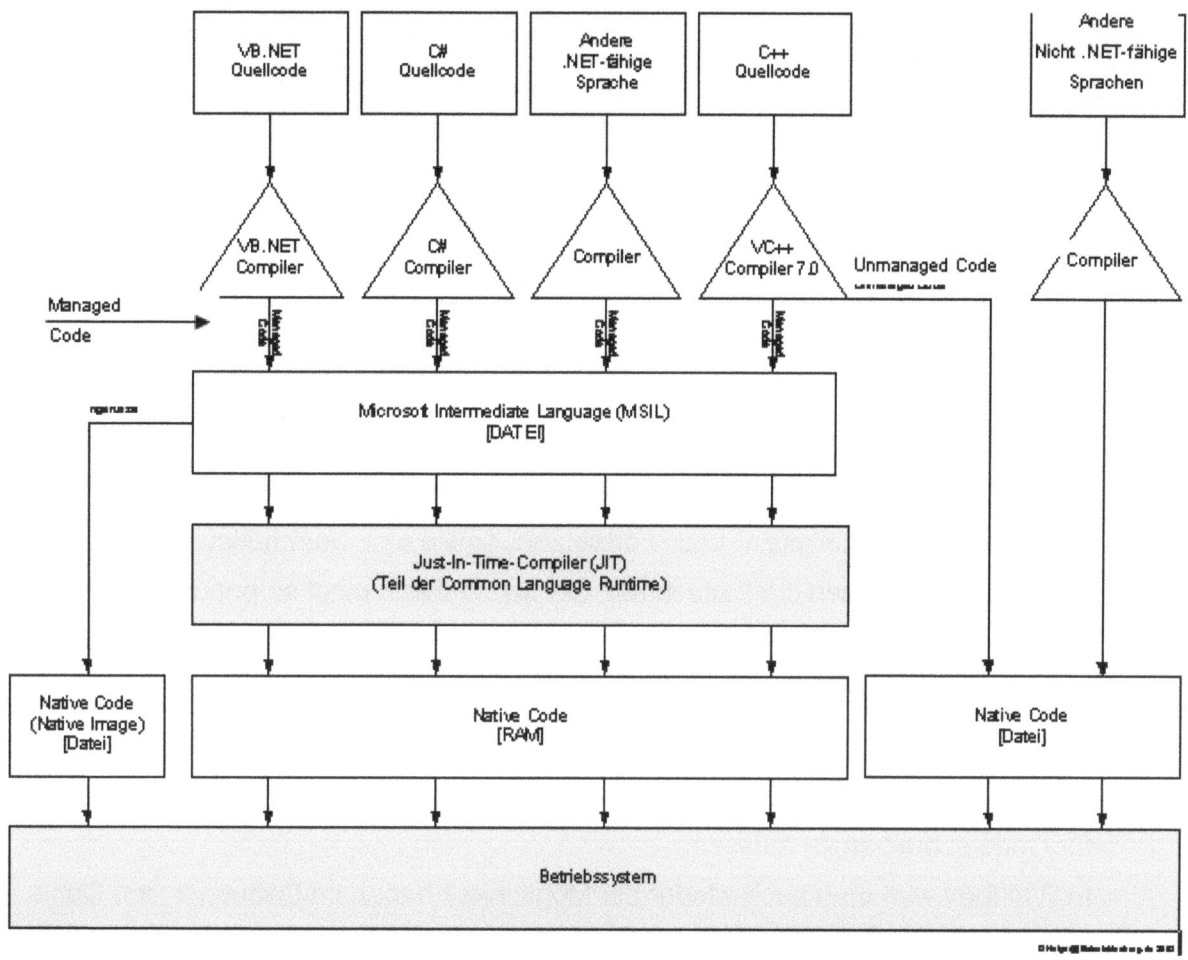

Abbildung 21 Die .NET Architektur [11]

Die **C**ommon **L**anguage **S**pecification (**CLS**) definiert, welche Fähigkeiten die Compiler besitzen müssen, bzw. wie die sprachspezifischen Konzepte in die MSIL umgesetzt werden. Die CLS ist also die Vorraussetzung für die .NET-Kompatibilität. Dem prozessorunabhängigen MSIL-Code ist nicht mehr anzusehen, in welcher Programmiersprache er entwickelt wurde. Der durch den JIT-Compiler erzeugte Native Code wird nach erstmaliger Ausführung „gecached".

Das .NET Framework ist nicht nur objekt-, sondern auch komponentenorientiert. Man spricht hierbei von Assemblies. Eine Assembly ist eine wieder verwendbare Softwarekomponente. Diese kann als DLL- oder EXE-Datei vorkommen. [11]

3.2 Whidbey

Bevor Longhorn veröffentlicht wird soll „Whidbey" die Technologien und Tools zur Verfügung stellen, dass Entwickler die bestehenden und geplanten Anwendungen auf die kommende Windows-Version und die damit verbundenen Änderungen (WinFX) anpassen können.

Das neue **I**ntegrated **D**evelopment **E**nvironment (**IDE**) „Whidbey", das voraussichtlich frühestens 2005 erscheinen soll [17] kann mit seinen zahlreichen Neuerungen als zweite Generation des .NET-Frameworks gesehen werden. Whidbey ist daher nicht nur der Nachfolger der Entwicklungsumgebung „Visual Studio .NET", sondern wird auch als ASP.NET V2 bezeichnet und stellt somit ein neues .NET-Framework dar.

Durch Whidbey soll die Produktivität der Entwickler gesteigert werden und gleichzeitig eine einfache Implementierung von **S**ervice-**o**rientierten **A**nwendungen (**SOA**) gewährleistet werden. Vor allem auch auf Verbesserungen für den „Gelegenheitsprogrammierer" wird bei Whidbey viel wert gelegt.

Visual-Basic-Programmierer werden erfreut feststellen, dass einige verloren geglaubte Eigenschaften wie "Editieren" und "Fortsetzen" sowie eine automatische Datenbindung zurückkehren, und auch die Einfachheit, die Visual Basic einst so populär machte, in fast allen Bereichen wieder zu finden ist [7]. So können VB-Entwickler z.B. Daten aus einem Web Service einfach per Drag & Drop auf ein Formular ziehen, wo sie einfach als fertig formatiertes Data Grid angezeigt werden. Um die Darstellung solcher UI-Elemente einfach ändern zu können, werden Smart-Tags in Whidbey eingeführt. So kann man die GUI ändern, ohne dafür Code schreiben zu müssen.

In Whidbey wird man auch wieder die Möglichkeit haben im Debugger den Code zu bearbeiten und dann weiter auszuführen, ohne neu starten zu müssen.

Zu den wichtigsten neuen Features gehören: Erweiterte Klassenbibliotheken, 64-Bit-Support, überarbeitete Fassungen von WinForms und ASP.Net sowie zahlreiche Erweiterungen in den Programmiersprachen C#, J#, Visual Basic und C++. Ein zentraler Bestandteil soll die Anbindung an die Programmierschnittstelle WinFX (Longhorn) sein.

Einige komfortable Funktionen sollen hierbei das Programmieren einfacher und bedienerfreundlicher gestalten, sowie durch weniger Code die Entwicklungszeit verbessern. Hierzu sollen erweiterbare Codevorlagen (Code Snippets) und die Reduktion des Codes auf 50% beitragen. Auch neue Controls, die von Site Counters bis hin zu Controls für dynamisch erzeugte Grafiken und Datei-Uploads reichen, sollen ein Bestandteil von Whidbey sein. Und auch die Unterstützung mobiler Endgeräte wurde weiter verbessert.

Auf häufig benötigte Klassen und Funktionalitäten kann mit den „My"-Klassen deutlich einfacher zugegriffen werden. „My" ist eine neue Funktion in Whidbey, mit der häufig verwendete Funktionen sofort verfügbar werden und weniger Code geschrieben werden muss. „My" stellt hierbei einen Einstiegspunkt für den Zugriff auf Klassen und Funktionen dar.

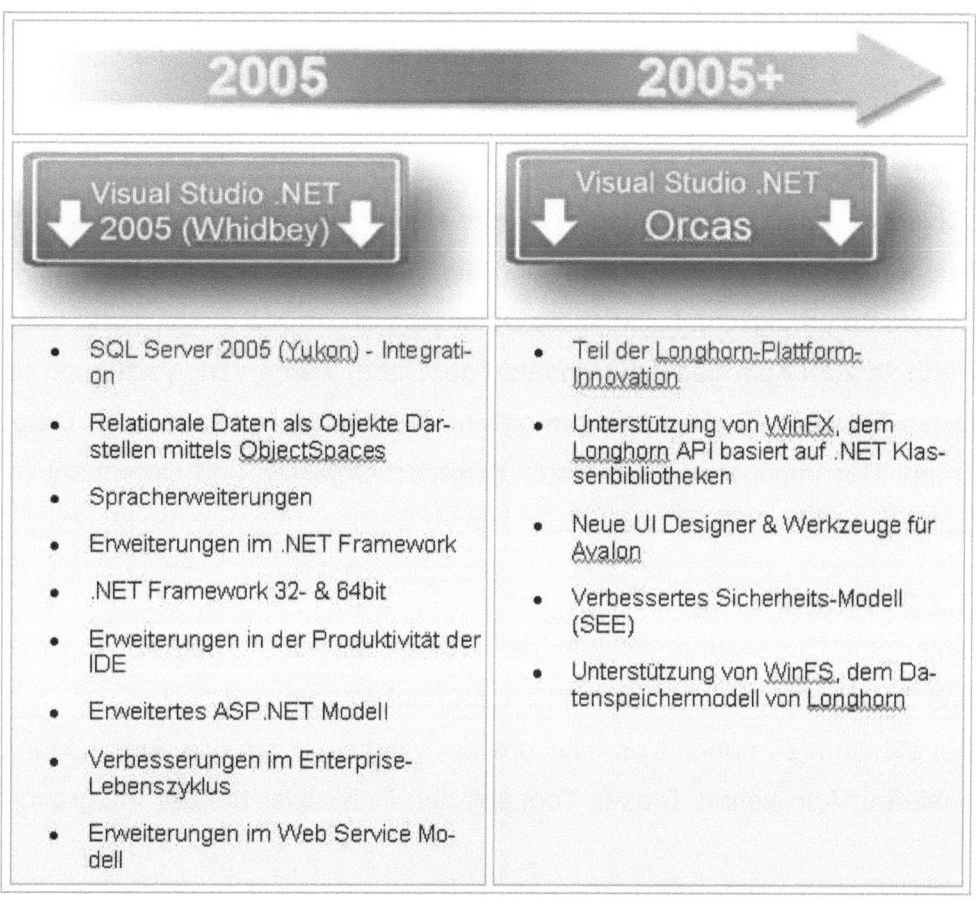

Abbildung 22 nächste Generation der Entwicklerwerkzeuge [21]

Abbildung 22 zeigt neben der Entwicklungsumgebung Whidbey auch schon den, voraus-sichtlich bis 2007 geplanten Whidbey-Nachfolger mit dem Codenamen „Orcas". Diese über-nächste Visual-Studio-Version wird oftmals als „Visual Studio für Longhorn" bezeichnet.

Einige der neuen Whidbey Funktionalitäten und Tools werden in den folgenden Kapiteln vorgestellt.

3.2.1 Generics

Eine Neuheit von Whidbey wird sein, dass so genannte Generics unterstützt werden. Diese können Klassen zur Parameterverwaltung erstellen. Auf diese Weise wird Typsicherheit mit Performance-Gewinn kombiniert. Bei den Generics handelt es sich um Elemente der **Com**mon **L**anguage **R**untime (**CLR**).

In anderen Sprachen werden Generics auch als Templates bezeichnet.

Generische Klassen erlauben einem Nutzer einer Klasse die Datentypen, die der Typ verar-beiten soll, vorzugeben.

Generics werden hauptsächlich bei typisierten Objektmengen eingesetzt. Während die .NET-Klassenbibliothek bisher nur untypisierte Objektmengen definiert hat, wird in .NET 2.0 die einfache Definition von typisierten Objektmengen erlaubt. Auch auf andere .NET-Typen wie z.B. Schnittstellen und Strukturen sowie auf Methoden können Generics angewendet werden.

3.2.2 Object Spaces

„Object Spaces" ist ein neues Tool, das einen einfachen Datenbankzugriff mittels **O**bject **R**e-lational **M**apping (**ORM**) erlaubt und die Generierung von Datenobjekt-Modellen aus SQL-Schemata ermöglicht. Relationale Datasets werden wie instanziierte Objekte abgebildet und Attribute zum Abfragen bzw. Updaten der Daten werden zur Verfügung gestellt.

Diese Microsoft-Technologie ermöglicht es Objekte in relationalen Datenbanken abzuspei-chern. Der Impedance Mismatch[10] zwischen Objekten und Datenbanken wird von den Ob-jectSpaces transparent überbrückt. Hierzu werden so genannte Mapping Files verwendet.

3.2.3 Whitehorse

Unter dem Codenamen „Whitehorse" werden Modeling-Tools für Application-, Infrastructure- und Deployment-Modeling ein Teil von Whidbey sein.

Bei Whitehorse handelt es sich um ein Werkzeug für das Architektur-Design einer XML-basierten Applikation. Dieses Tool soll den Entwickler bei der Integration von Diensten und

---

[10] Impedance mismatch bezeichnet Probleme bei der Abbildung der realen Welt auf das relationale Datenbank-Modell.

Applikationen in bestehende Webanwendungen und Webdienste unterstützen. Dies umfasst einen visuellen Klassendesigner (direkte grafische Abbildung des Codes) sowie einen visuellen Service-orientierten Applikations Designer für WebSevice-Szenarien.

Per Drag&Drop soll der Entwickler die Möglichkeit haben Pläne von Webanwendungen zu erstellen, um einen Überblick über die Applikationen im Unternehmen zu bekommen.

Anders als der Wettbewerb, der auf die **U**nified **M**odeling **L**anguage (**UML**) setzt, verfolgt Microsoft einen eigenen Ansatz: Anwendungen sollen primär aus Webservices und vorgefertigtem Code gestrickt werden [15].

3.2.4 Clickonce-Deployment

Clickonce ist ein neuer Installations-Mechanismus für die Zusammenstellung und Verteilung von Windows Anwendungen. So soll eine einfache Verteilung und automatische Softwareaktualisierung über Webserver und Netzlaufwerke ermöglicht werden.

Anwendungen können einfach vom Netzwerk (auch einer Website) installiert werden und sind in der Lage, sich selbst zu aktualisieren.

Die Click-Once-Applikation wird beim ersten Aufruf installiert und bei Bedarf aktualisiert.

Hierbei wird die Anwendung durch einen Mausklick auf einen Link gestartet. Sofern die Applikation unter „\Dokumente und Einstellungen\User\Lokale Einstellungen\Meine Anwendung" noch nicht in der aktuellsten Version verfügbar ist lädt das .NET Framework sie herunter und installiert sie.

Durch eine doppelte Indirektion wird die automatische Aktualisierung ermöglicht. Hierbei zeigt der Link auf ein Deployment-Manifest[11] (XML Datei) und nicht direkt auf die exe-Datei. Dieses wiederum zeigt auf das Anwendungs-Manifest der aktuellsten Version. Die Informationen über den Start einer Anwendung sind im Anwendungs-Manifest enthalten.

Im Vergleich zu der Installation über den Windows-Installer hat man nur einen beschränkten Zugriff auf die Registry und die Installation gilt immer nur für den angemeldeten User.

3.3 *Performancevergleich Visual Studio .NET vs. Visual Studio 2005 (Whidbey)*

Der Performancevergleich von Visual Studio .NET und Visual Studio 2005 (Whidbey) wurde mittels zweier Beispielprogrammen durchgeführt. Hierzu wurde eine Telefonbuch-Anwendung mit Datenbankzugriff (Beispielprogramm 1) und ein Beipielprogramm der MSDN Trainings CD (Beispielprogramm 2) getestet. Bei den durchgeführten Performancetests

---

[11] Ein Manifest enthält die Informationen (Name, Version, Abhängigkeiten, Rechte, etc.) einer Assembly (in diesem Fall einer exe-Datei). Das Manifest übernimmt die Rolle einer Typbibliothek.

konnte kein wesentlicher Unterschiede zwischen Visual Studio .NET und Whidbey gemessen werden.

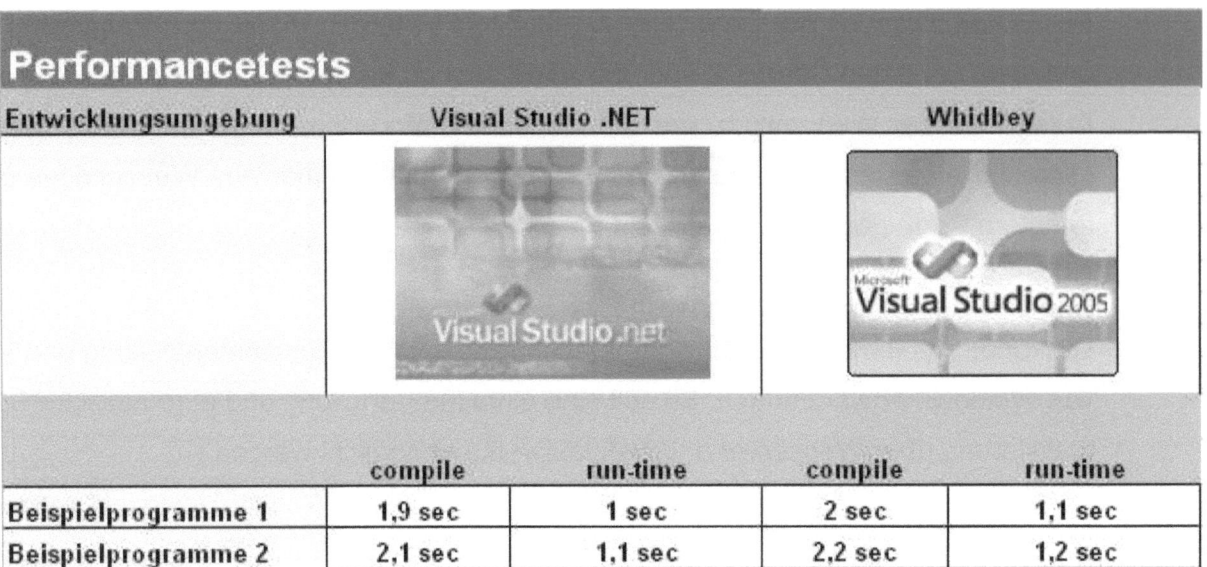

Entwicklungsumgebung	Visual Studio .NET		Whidbey	
	compile	run-time	compile	run-time
Beispielprogramme 1	1,9 sec	1 sec	2 sec	1,1 sec
Beispielprogramme 2	2,1 sec	1,1 sec	2,2 sec	1,2 sec

Abbildung 23 Performancetest Whidbey

Der Vorteil von Whidbey bzw. die bessere Performance wird nicht unbedingt bei der Kompilierung von kleinen Anwendungen sondern eher bei der Entwicklungszeit von größeren .Net Projekten spürbar sein.

Bei dem Einsatz der neuen Funktionalitäten und Tools, die mit Whidbey mitgeliefert werden soll hauptsächlich die Produktivität und der Aufwand der Entwicklung verbessert werden. Aber auch bei der Kompilierung und der Runtime wird man Vorteile bemerken, wenn man hierzu größere Projekte testet, die mit den neuen Funktionalitäten implementiert wurden.

Die Vermutung bei dem Longhorn Build 4051, dass es noch sehr stark an Windows XP gebunden ist und noch nicht wirklich mit Managed Code arbeitet spiegelt sich auch auf diesen Performancetest wieder. So hat man auch bei der Alpha Version von Whidbey das Gefühl noch mit dem Vorgänger Visual Studio .NET zu arbeiten. Auch wenn einige Tools und Funktionalitäten, wie z.B. das Entwickeln von XAML Anwendungen, schon möglich sind, liegt die Vermutung nahe, intern noch mit dem Vorgänger zu arbeiten.

Diese Vermutung würde auch das Ergebnis dieses Performancetests erklären.

Der Verdacht, dass die von uns getesteten Alpha-Versionen noch sehr stark an ihre Vorgänger gebunden sind wurde auch in einer E-Mail von Bernd Marquardt, MSDN Regional Director in Deutschland bestätigt (siehe Anlage H):

Sicherlich ist Vieles in Longhorn aus dem momentanen XP. Das ist ja auch vernünftig.

Erstens funktionieren die Sachen aus XP und zweitens kann man ja nicht immer alles neu entwickeln. Das würde viel zu lange dauern (Windows XP besteht mit Tools aus ca. 17.000.000 Zeilen Code!!!). Longhorn ist keine grundsätzliche Neuentwicklung, sondern es basiert auf der Vorgänger-Version von Windows.

4 Fazit

Microsofts zukünftiges Betriebssystem Longhorn stellt sehr viele neue interessante Konzepte vor. Auch wenn diese Konzepte nur zum Teil bereits in dem untersuchten Build implementiert sind, lässt sich unschwer erahnen wohin die zukünftige Reise von Microsofts neuem Betriebssystem mit dem Codenamen Longhorn gehen wird.

Mit Longhorns 3-Säulen-Modell wird die Trennung von Präsentation (Avalon), Daten (WinFS) und Kommunikation (Indigo) erreicht.

Avalon beinhaltet neue wegweisende Features, wie die Darstellung in Form von Vektorgrafiken und einen stufenlosen Zoom, der vor allem sehschwachen Benutzern sehr helfen wird.

Durch den Dateisystemaufsatz WinFS kann es endlich gelingen mit dem Einsatz von Metadaten mehr Licht in das Datenchaos zu bringen.

Indigo stellt eine Vielzahl an Schnittstellen und Diensten zur Verfügung, damit die Entwickler schnell und einfach Anwendungen schreiben können.

Auch an Microsofts Problemkind Nummer eins der Sicherheit wurde weiter gearbeitet. Microsoft will durch den Einsatz des neuen Schattenbetriebssystems NGSCB, welches den Kern in Benutzer und Kernmodus teilt weitere Sicherheitslücken schließen.

Über allen diesen neuen Konzepten sitzt mit WinFX ist eine riesige neue API, die die Win32 API ablösen soll. WinFX stellt dem Entwickler viele Funktionalitäten zur Verfügung, dadurch sollen sich die zu programmierenden Codezeilen deutlich verringern lassen.

MS Longhorn stellt in der Strategie bzw. Vision von Microsoft nur einen Teil dar. Diese .NET (Managed Code) Philosophie wird nicht von dem einen auf den anderen Tag, mit der Veröffentlichung von Longhorn, erreicht sein. Dieses Ziel zu erreichen wird in den nächsten Jahren einen wachsenden Prozess bilden. Mit der Veröffentlichung neuer Produkte (wie z.B. Whidbey oder Yukon) geht es einen Schritt weiter in die „.NET Richtung". Das ist natürlich auch Microsoft klar. So äußert sich Bill Gates in einem Interview von zdnet zu diesem Thema. *Gates: „Longhorn ist eine riesige Herausforderung, und mit Longhorn kommt die zunehmende Nutzung von .Net Manged Code. Das passiert jedoch nicht übernacht. Wir haben damit vor Longhorn begonnen und wir machen auch nach Longhorn damit weiter."*

Auch wenn die Analysen dieser Studienarbeit ergeben haben, dass es sich bei dem Build 4051 noch um kein wirkliches Longhorn handelt, in dem alle neuen Konzepte schon implementiert sind. So wurde doch ein deutliches Bild hinterlassen in welche Richtung Microsoft in den nächsten Jahren gehen wird.

Die Implementierung der neuen Features wird für Microsoft sicherlich noch eine Menge Arbeit bedeuten, die es aber wert sein wird hierfür aufzubringen. Die Gesamtheit dieser Konzepte wird Longhorn zu dem Betriebssystem der Zukunft machen.

Anlage A: Literaturverzeichnis

[1]   A.Beier, „Longhorn um Jahre vorraus", c't 15/04, Stand: Mitte 2004.

[2]   J.Cobb., „Device Install For Microsoft Longhorn",
           http://www.microsoft.com/whdc, Stand: 27. Dezember 2004.

[3]   I. Fried, J. Kaufmann, „Sicherheitstechnologie NGSCB wird Teil von
           Longhorn",http://www.zdnet.de/news/software/
           0,39023144,39125816,00.htm, Stand: 21. Oktober 2004.

[4]   J.Geiger, M. Gollwitzer., „Microsoft Longhorn Build 4051",
           http://www.chip.de/artikel/c_artikel_11110529.html?tid1=19495&tid2=19
           311, Stand: 10. Oktober 2004.

[5]   *Frank Lange*, „WinFS Technical Summit 2004 ",http://www.ms-adc.de,
           Stand: 12. Oktober 2004.

[6]   M.Kanellos., „Bill Gates im Interview: Longhorn ohne
           WinFS",http://zdnet.de/itmanager/unternehmen/0,39023441,39125456-
           2,00.htm, Stand: 20. August 2004.

[7]   Peter Monadjemi, „Visual-Basic-Kenner profitieren von Whidbey",
           http://www.computerwoche.de/index.cfm?pageid=255&artid=56309&typ
           e=detail&kw=.net, Stand: 17. Dezember 2003

[8]   M. Seiler, „Palladium und TCPA lösen Ängste aus",
           http://www.computerwoche.de/index.cfm?pageid=255&artid=47830&ma
           in_id=47830&category=160&currpagc=1&typc=dctail&kw=, Stand: 21.
           Oktober 2004.

[9]   A.Vahldiek, „So könnte der Nachfolger von Windows XP aussehen", c't
           11/04, Stand: Anfang 2004.

[10]   *Michael Willers*, „WinFS Dateisystem und Objektspeicher in Longhorn
           ",http://www.ms-adc.de, Stand: 12. Oktober 2004.

[11]   *Stefan Zähringer,* „Konzeption und Realisierung von Datenbank ge-
           stützten Yellow Pages für das Intranet", Praxisarbeit 4. Semester, Sep-
           tember 2004.

[12]   *o.V.,* „Advanced Developers Conference ", http://www.ms-
           adc.de/Briefing/index.htm, Stand: 6. Oktober 2004.

[13]   *o.V.,* "ASP.NET Whidbey Overview",
           http://msdn.microsoft.com/asp.net/whidbey/overview.aspx, Stand 10.
           Dezember 2004.

[14]   o.V., „Nessus", http://www.nessus.org, Stand: 9. November 2004.

[15]   *o.V.,* "Redmond wettet auf Whitehorse"
           ,http://www.computerzeitung.de/O/50/Y/84021/VI/10064534/de-
           fault.aspx, Stand 2. Januar.

[16]   o.V., „TPM", http://www.computerbase.de/lexikon/TPM, Stand: 21. Oktober 2004.

[17]   *o.V.,* "Microsoft Developer Tools Roadmap", http://msdn.microsoft.com/vstudio/productinfo/roadmap.aspx, Stand 2. Januar 2005.

[18]   o.V., „Windows Longhorn Build 4051 Review", http://www.winsupersite.com/reviews/longhorn_4051_05_lhue.asp, Stand: 9. November 2004.

[19]   o.V., „Microsoft Next-Generation Secure Computing Base", http://www.microsoft.com/technet/security/news/ngscb.mspx#EBAA, Stand: 21. Oktober 2004.

[20]   *o.V.,* „Microsoft Windows Code-Named "Longhorn" Developer Center ",http://msdn.microsoft.com/Longhorn, Stand: 6. Oktober 2004.

[21]   *o.V.,* "Visual Studio 2005 (Codename Whidbey)", http://codezone.skypro.tv/visualstudio2005/vcontent.htm#1, Stand 2. Januar 2005.

[22]   *Sikora Axel,* „Technische Grundlagen der Rechnerkommunikation", Fachbuchverlag Leipzig, ISBN 3-446-22455-6, S. 22.

[23]   DVD, Microsoft Technical Summit 2004 in Kassel

Anlage B: Installation Microsoft Longhorn

Die Installations-Routine für Microsoft Longhorn läuft wie gewohnt ab: Booten von DVD, Einstellungen vornehmen, Software kopieren, Rechner neu starten und konfigurieren.

Das von Windows XP gewohnte Setup wurde vor allem optisch aufgewertet, der bekannte Blauton im Hintergrund wurde durch einen Schwarzton ersetzt.

Nach dem booten muss zunächst wie unten abgebildet der Produkt Key eingegeben werden.

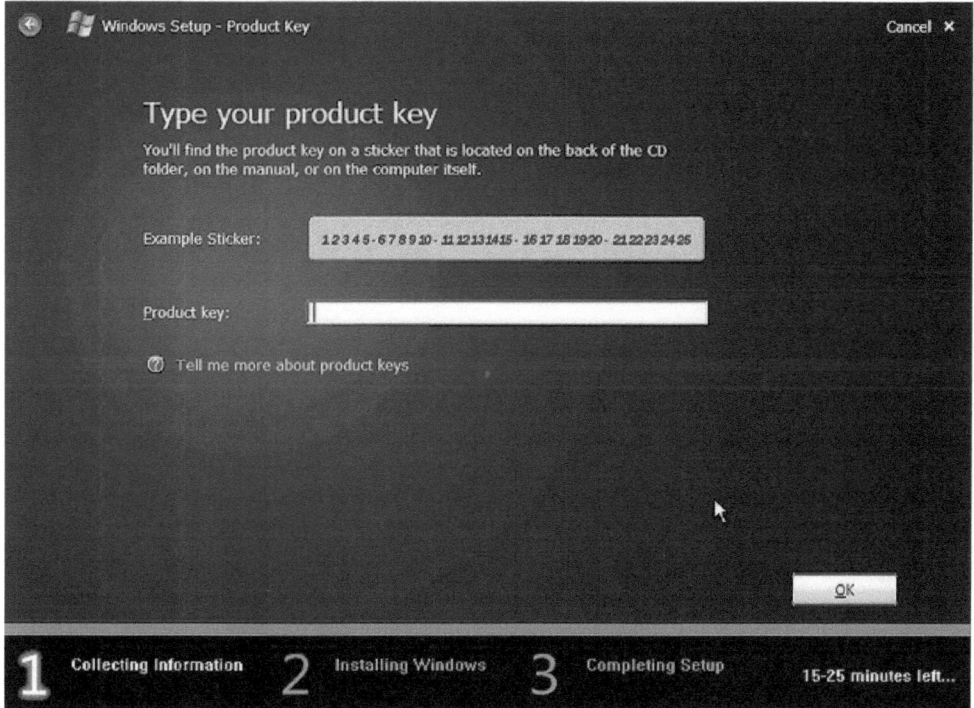

Abbildung 24 Installation Produkt key

Im Anschluss kann lediglich der Computername und der Installationspfad geändert werden, die anderen Features sind in der Alpha-Version noch nicht verfügbar. Als Computername wurde **TITLAB14** gewählt. Longhorn wurde in eine eigene Partition mit insgesamt 76 GB installiert. Da in der Alpha-Version das Formatieren noch nicht unterstützt wird, wurde die Festplatte zunächst mit einer normalen Windows XP CD als NTFS formatiert. Weiter Angaben kann der Benutzer nicht machen. Das Setup selbst läuft mit einer Image-Technik, mit der es die Daten unterhalb des Dateisystems in einem Rutsch auf die Festplatte kopiert.

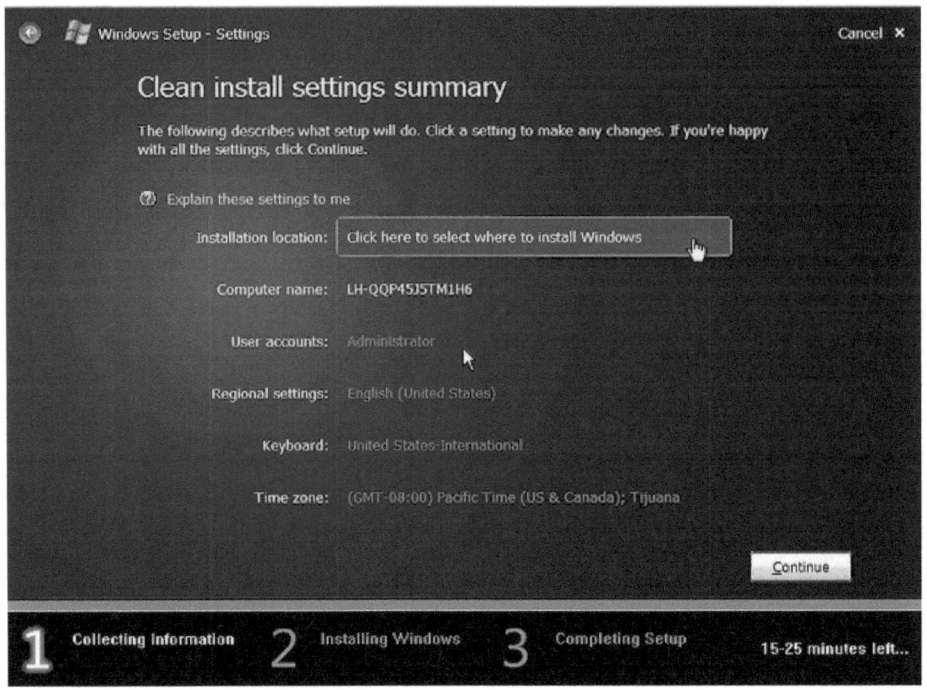

Abbildung 25 Installation Setup

Nach dem installieren der Dateien wird das System neu gestartet und eine Hardware-Erkennung durchgeführt.

Danach wird der Benutzer von Microsoft Longhorn auf dem Desktop begrüßt.

Die vorliegende Alpha-Version konnte erst nach mehreren Anläufen installiert werden. Zunächst trat während dem installieren der Windows-Files die nicht aussagefähige Fehlermeldung: *„An error occurred while preparing Windows Setup to boot into next stage of Setup.“* auf. Nach dem verdoppeln des Arbeitsspeichers auf 1024 MB lief der Installationsprozess einige Schritte, bis zum Setup weiter. Auch hier trat die oben genannte Fehlermeldung wieder auf. Nachdem schließlich die gesamte Festplatte im NTFS Format neu formatiert wurde, lies sich Longhorn problemlos installieren.

Anlage C: Beispiel Schema WinFS

Die untenstehende Abbildung zeigt, wie zunächst mit Hilfe von XML das Schema „Foo-Schema" erstellt wird. Danach wird ein Item dieses Schemas erstellt und nach einem Item gesucht.

```
<Schema Name="FooSchema"
xmlns="http://schemas.microsoft.com/winfs/2002/11/18/schema">
   <Using Namespace="System.Storage"/>
   <Using Namespace="System.Storage.WinFSTypes"/>
   <ItemType Name="Foo" BaseType="System.Storage.Item">
     <Property Name="Bar" Type="System.Storage.WinSFTypes.Int32"/>
   </ItemType>
</Schema>

// Create an Item
ItemContext ic = ItemContext.Open();
Foo foo = new Foo();
foo.Bar = 42;
Folder folder = Folder.GetRootFolder(ic);
folder.OutFolderMemberRelationships.AddMember(foo);
ic.Update();

// Search for an item
ItemContext ic = ItemContext.Open();
Foo foo = Foo.FindOne(ic,"Bar = 42");
```

Abbildung 26 Beispiel Schema

Anlage D: Nessus

Bei Nessus handelt es sich um ein mächtiges Open-Source Sicherheitsanalysewerkzeug, welches unter http://www.nessus.org herunter geladen werden kann.

Nessus wird im Rahmen dieser Studienarbeit eingesetzt, um eventuelle Verwundbarkeiten von Longhorn aufzudecken.

Mit Nessus können Remote Sicherheitsanalysen von Rechnern durchgeführt und Schwachstellen aufgezeigt werden. Mit Nessus kann eine nahezu unbegrenzte Anzahl von Systemen gleichzeitig getestet werden. Nach den Tests lassen sich in Nessus Reports mit den identifizierten Sicherheitslücken erzeugen.

Nessus läuft in einer Client-Server Struktur auf Port 1241. Auf dem Server läuft der Nessus Server-Dienst „NessusD". Dieser Server wurde in der Laborumgebung auf einem Rechner mit dem Open-Source Betriebssystem Debian eingerichtet. Auf einem Windows XP Rechner wurde der Client „NessusWX" installiert. Windows XP wurde als Client gewählt, da der Open-Source Client unter Debian weniger Einstellungsmöglichkeiten bietet.

Um eine Sicherheitanalyse zu starten muss zunächst der Nessus-Server gestartet werden. Danach wird der NessusWX-Client gestartet und mit diesem eine Verbindung zum Server aufgebaut. Sobald die Verbindung besteht kann eine neue Session im Client angelegt werden.

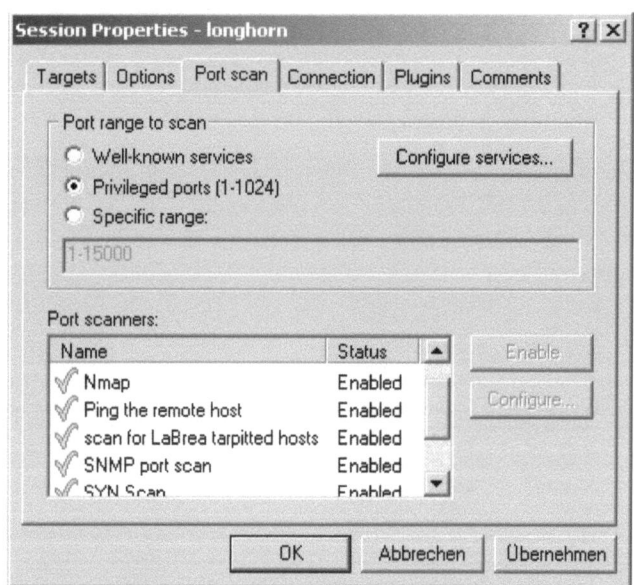

Abbildung 27 a) Nessus Session Longhorn   b) Nessus Scan-Optionen

Nun müssen noch der zu analysierende Host und die Ports angegeben werden, sowie welche Arten von Scans durchgeführt werden sollen. Im Anschluss kann die Analyse gestartet werden.

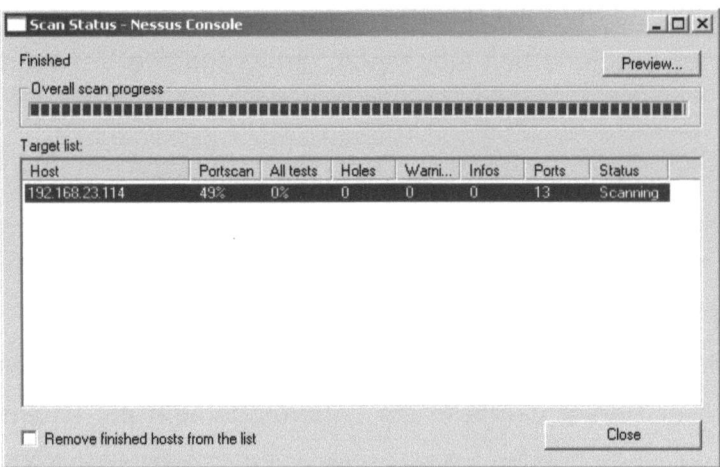

Abbildung 28 Nessus-Scan

Während der Analyse wird in einem Fenster der Fortschritt angezeigt. Sobald die Tests abgeschlossen sind, kann ein Bericht als pdf generiert werden.

Anlage E: Avalon Screenshots

So bzw. so ähnlich soll die dreidimensionale User-Oberfläche von Longhorn einmal aussehen:

Abbildung 29 Aero [4]

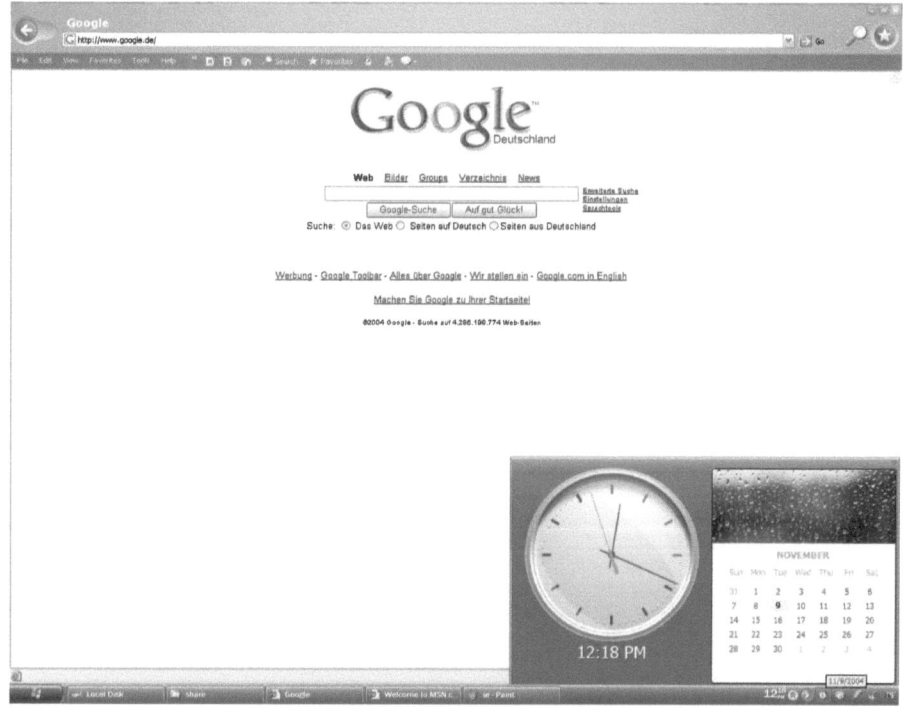

Abbildung 30 Windows-Uhr

Die auch schon aus älteren Windows Versionen bekannte Uhr im rechten, unteren Bild-
schirmeck wurde grafisch sehr stark überarbeitet und ist mittels der Kalenderfunktion
(Alarmfunktion) auch als Terminplaner einsetzbar.

Abbildung 31 Windows-Uhr im Detail

Schöne neue Farbverläufe, Licht und Schatten finden sich an vielen Stellen im neuen Windows.

In dem Build 4051 wurde auch die neue Sidebar integriert. Neben einer Uhr übernimmt sie
hauptsächlich die Aufgabe der Taskleiste.

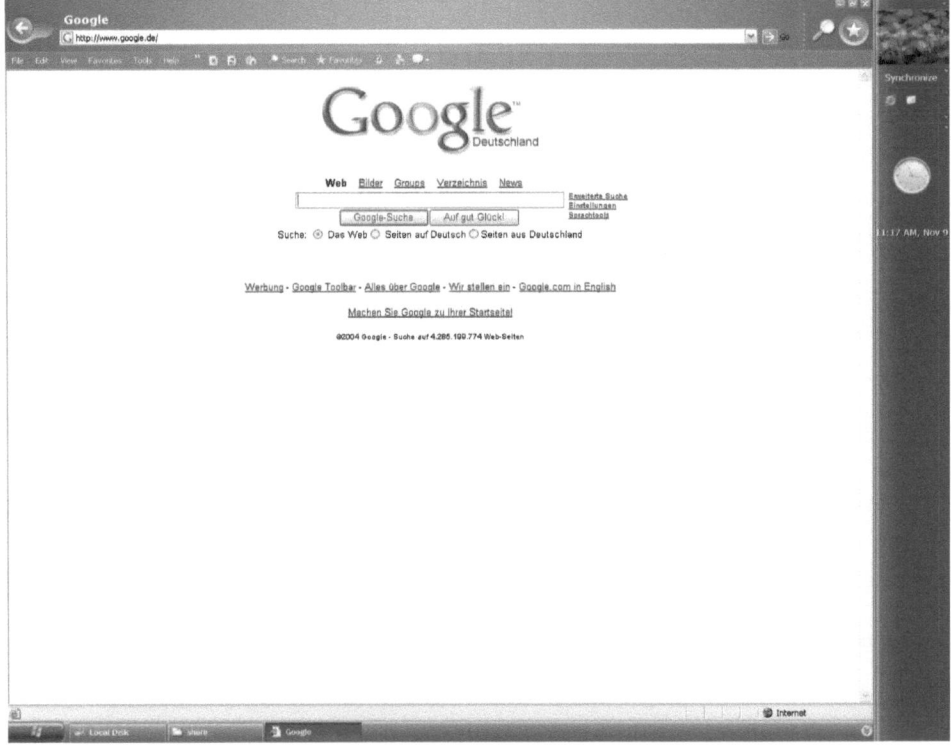

Abbildung 32 Sidebar

Aber auch weitere Aufgaben wie die Verwaltung von virtuellen Desktops, das Anzeigen von eingehenden Nachrichten und online Informationen, wie z.B. Aktienkurse und Auktionen bei ebay, können von der Sidebar übernommen werden.

Abbildung 33 Sidebar im Detail

Der Aufbau des Programm-Startmenüs ähnelt noch stark Windows XP und ist auch noch in der altbekannten Baumstruktur aufgebaut.

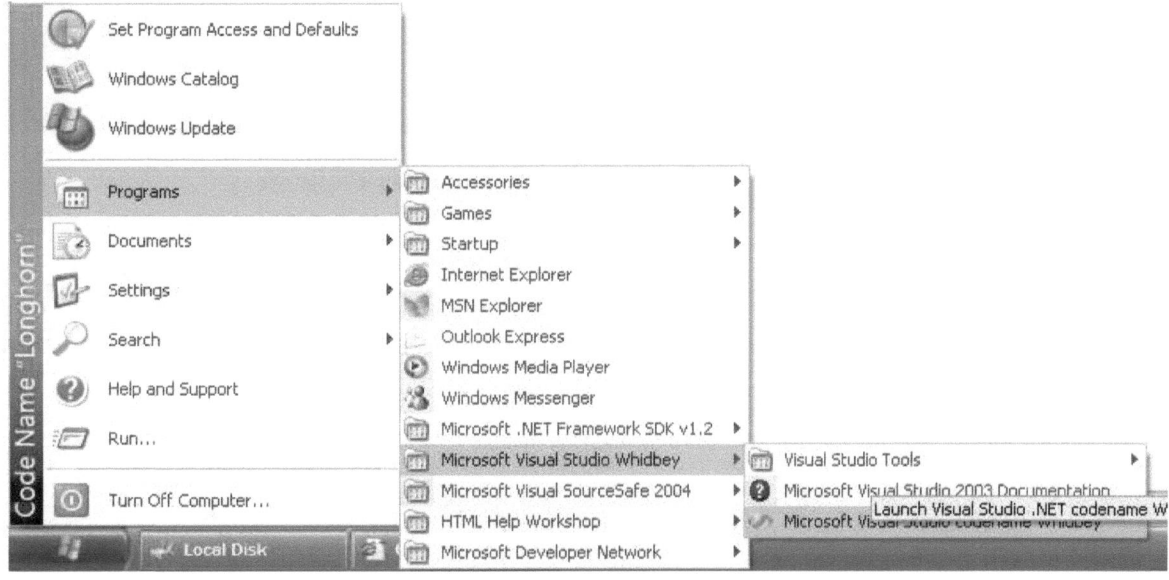

Abbildung 34 Startmenü

Auch die Taskleiste bzw. ihre Eigenschaften haben sich zu XP nicht wesentlich verändert.

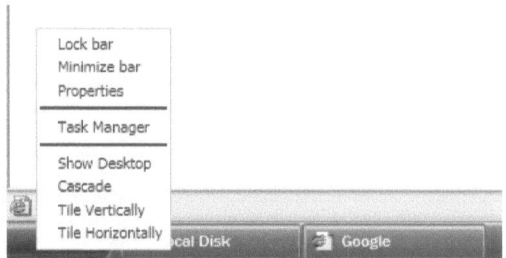

Abbildung 35 Taskleiste

Der Windows-Explorer ist übersichtlicher geworden und zugleich um einige Funktionen, wie z.B. erweiterte Suchmöglichkeiten verbessert worden.

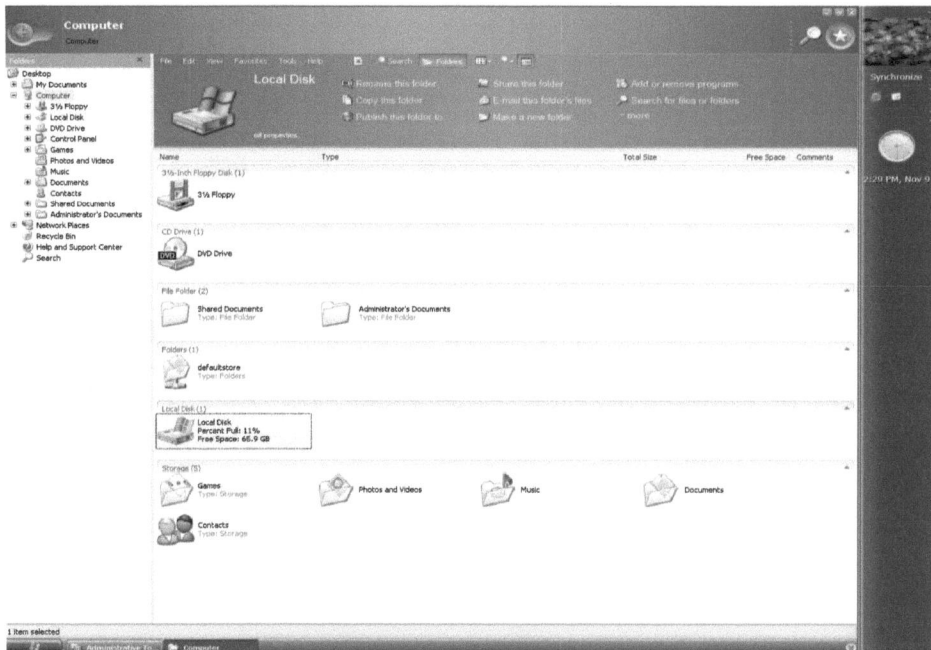

Abbildung 36 Windows-Explorer

Neben der bekannten Miniaturansicht wird die Suche in Bild-Archiven durch eine zusätzliche Funktion vereinfacht: Beim Auswählen einer Bilddatei öffnet sich eine, zur Miniaturansicht stark vergrößerte und mit weiteren Dateiinformationen (Metadaten) erweiterte Ansicht.

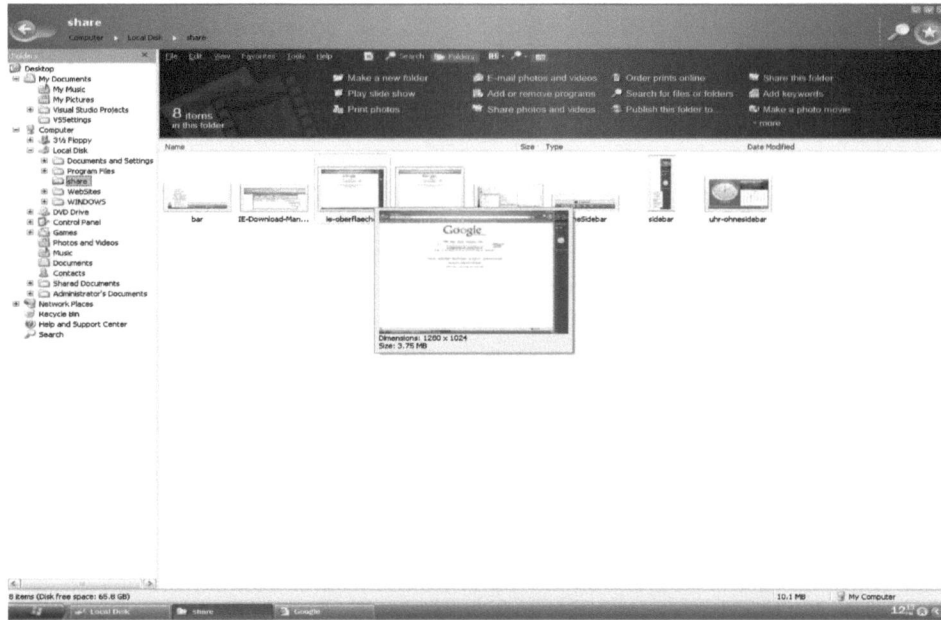

Abbildung 37 Bilder im Detail

Der Internet Explorer:

Abbildung 38 Internet Explorer

Beim lokalen Abspeichern einer Web-Ressource öffnet sich ein komfortableres „Save As" Fenster, wie es auch bisher der Fall war.

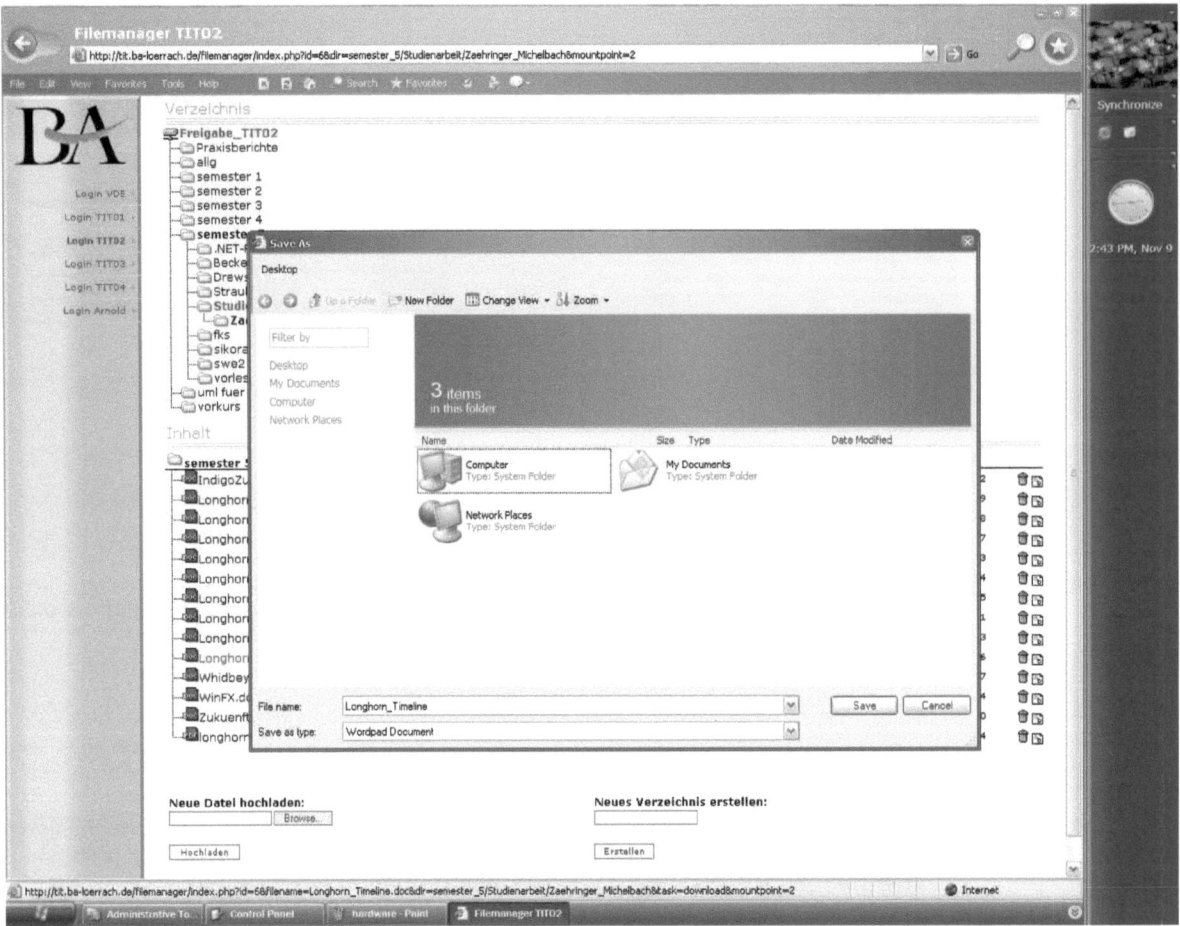

Abbildung 39 Speichern unter

Bei anderen Browsern schon länger integriert (wie z.B. Firefox), bietet der Internet Explorer einen Download-Manager.

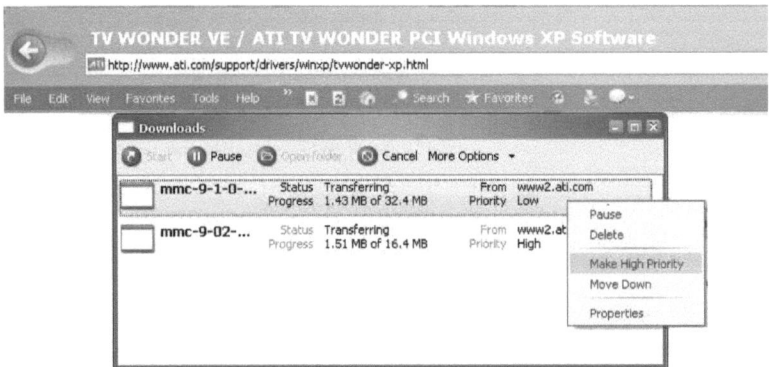

Abbildung 40 Download Manager

Hier lassen sich z.B. die zeitliche Reihenfolge und andere Eigenschaften der Downloads festlegen.

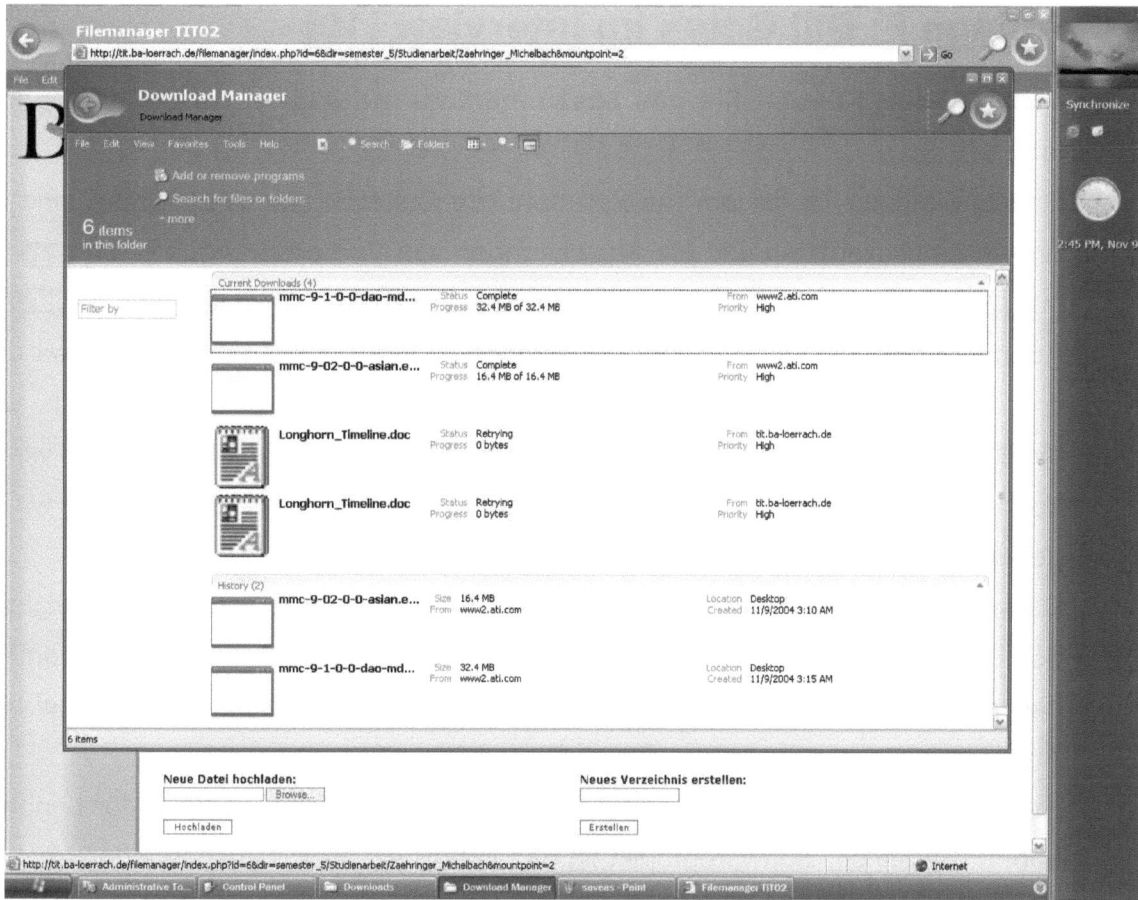

Abbildung 41 Download Manager im Detail

Anlage F: Bill Gates im Interview [10]

CNET/ZDNet: Können Sie uns zusammenfassend sagen, was mit Longhorn passiert ist?

Gates: Windows ist die am meisten benutzte Software der Welt. Daher sind die Zahl der Anwendungsszenarien und die Auswirkungen von Verbesserungen größer als bei irgendeiner anderen Software. Das spiegelt sich auch in den R&D-Investitionen in Windows wieder.

Auf der Professional Developers Conference im vergangenen Jahr haben wir unsere Vision von Longhorn und der unterschiedlichen Komponenten dargelegt. Natürlich, wir arbeiteten gleichzeitig am SP2, was, weil es sicherheitsrelevant ist, Priorität hatte. Und wir brachten mit den neuen Versionen vom Media Center und Tablet PC die Releases, die wir schon lange geplant hatten.

Dann sind Jim Allchin und sein Mitarbeiter Brian Valentine mit allen Beteiligten den Stand des Longhorn-Projekts durchgegangen. Zudem wurde das Feedback von den ISVs und anderen miteinbezogen. Dann haben wir unsere Position neu bestimmt. Dabei sind dann die Änderungen raus gekommen, die wir heute bekannt gegeben haben.

Es ist das erste Mal, dass wir tatsächlich ein Veröffentlichungsdatum für Longhorn genannt haben. Bei einem Softwareprojekt ist das immer ein Risiko, insbesondere wenn es die Anforderungen an die Kompatibilität und den Umfang an Features hat wie das bei Windows der Fall ist. Aber wir haben genug Fortschritte gemacht. Nach Lage der Dinge sind wir der Meinung, das Richtige zu tun.

CNET/ZDNet: Wie sehen die Änderungen genau aus?

Gates: Wir werden, wie ihnen bereits bekannt ist, eine der tragenden Säulen von Longhorn verändern. Eigentlich gibt es in allen Säulen Änderungen, aber im Fall von Indigo und Avalon geht es hauptsächlich darum, die Technologien auch für Windows XP und Windows Server 2003 verfügbar zu machen. Alle XP-Nutzer, nicht nur Longhorn-Nutzer, werden die Software herunterladen können. Es ist kein kleiner Download, aber es ist auch kein für die heutige Zeit ungewöhnlicher Download.

An Win-FS haben wir die größten Veränderungen vorgenommen. Wir haben erkannt, dass wir viele umfangreiche Suchfunktionen im Betriebssystem ohne die komplette Datenbank realisieren können, indem wir unsere Text-basierte Suche aus Office nutzen. Außerdem sucht basiert MSN auf derselben Technologie und sucht auf eine ähnliche Art und Weise. Diese werden kurzfristig verfügbar sein.

Wie auch immer, wir haben beschlossen, diese Dinge zu integrieren und so viele der Vorteile bei der Navigation und Suche realisieren zu können. Die wirklich tief greifenden Vorteile, die mit der Datenbankartigen Vereinheitlichung zusammenhängen, erreichen wir durch die

Kombination von SQL- und XML-Technologien. Wir hätten nur einen geringen Teil von dem auf Basis der Win-FS-Version realisiert, die mit Longhorn kommen sollte. Zudem hatten wir bei Longhorn niemals Server-Support von WinFS vorgesehen.

Nun werden wir die Suchfunktionen in Longhorn 2006 realisieren und erst dann Win-FS außerhalb des Produktzyklus als Entwicklungsplattform und als Oberfläche für Information Management zusammen mit einem Datenbankserver auf den Markt bringen.

CNET/ZDNet: Wie waren die Reaktionen der PC-Hersteller?

Gates: Sicher, wir diskutierten das ganze mit wichtigen Partnern, sowohl auf Seiten der ISVs als auch mit Unternehmen wie Intel und Hewlett-Packard.

Jeder Kundenkreis sieht ein Windows-Release aus der für ihn relevanten Perspektive. Diese ist jedoch sehr verschieden. So will Intel Unterstützung für seine Chips, für Ultra Wideband, Wimax, verschiede Stromsparmechanismen, Multicore und solche Dinge. Wie auch immer, wir sind den Plan mit ihnen durchgegangen und sie waren zufrieden damit, dass Longhorn langsam in den Mittelpunkt rückt. Sie waren auch froh über das Veröffentlichungsdatum und darüber, dass verschiedene Hardware-Supports enthalten sind, auf die sie gedrängt hatten.

CNET/ZDNet: Was hat die Änderungen an Longhorn und die Neuentwicklung wirklich notwendig gemacht? Waren es die beschriebenen Forderungen von Partnern, sind es die technischen Schwierigkeiten des Projekts, oder sind es sogar Schwierigkeiten personeller Art oder bei der Umsetzung im Hause Microsoft?

Gates: Das muss ich jetzt mal klarstellen: Win-FS ist, und das sage ich schon seit Anfang an, sehr ambitioniert. Niemand hat bislang die verschiedenen Welten von Dokumenten, Mediendaten und strukturierten Informationen zusammengebracht, so dass man mit einigen wenigen Befehlen darin suchen, strukturieren und replizieren kann.

Seitdem wir vor 15 Monaten Peter Spiro aus dem Datenbank-Bereich mit Win-FS betraut haben, haben wir immer große Fortschritte gemacht. Wir haben jedoch erkannt, dass wir die neuen Funktionen, die Win-FS haben sollte – Tabellen und eine Strategie für den Server - nur erst 2007 hätten realisieren können.

Wir standen einer schweren Entscheidung gegenüber, und Jim Allchin, Peter Spiro, Steve Ballmer und ich haben in den letzten Wochen eine Menge darüber debattiert. Wie machen wir es richtig? Realisieren wir Longhorn komplett mit den super-coolen, zusätzlichen Win-FS-Features und verschieben die Veröffentlichung auf 2007? Oder sollten wir mit einem etwas clevereren Plan kommen und nicht soviel aufgeben?

Wir haben entschieden, dass wir Win-FS nicht mit Longhorn ausliefern. Wenn Sie nun meine tiefste Überzeugung zu diesem Thema hören wollen: Das Glas ist dreiviertel voll.

Das Win-FS-Team leistet in Bezug auf Perfomance und die Fortschritte hervorragende Arbeit, es könnte jedoch die zusätzlichen Features nicht bis 2006 realisieren. Es ist eine professionelle Einstellung zu sagen: 'Nein, wenn wir diese Features realisieren wollen, klappt das erst 2007'.

CNET/ZDNet: Es sieht danach aus, dass Software bis zur Marktreife immer mehr Zeit benötigt. Auch auf das SP2 trifft das zu. Projekte wie Yukon und Whidbey haben ebenfalls länger gedauert als erwartet. Wurde die Entwicklung von Software einfach komplizierter?

Gates: Unsere Zeitplanung bei diesem Projekt war besser als beim OS 360 (das von IBM entwickelte Mainframe-Betriebssystem). Software wurde also nicht komplizierter. Software mit diesem Umfang und der geforderten Kompatibilität war schon immer kompliziert. So läuft unser Geschäft schon seit jeher.

Der Dialog mit unseren Kunden, ISVs und OEMs läuft immer auf eine von zwei Arten. Beim einen haben wir ein festgelegtes Veröffentlichungsdatum. Dinge die wir bis dahin realisieren können, sind dann Bestandteil des Produkts. Bei MSN beispielsweise richten sich die meisten Releases nach dem Datum. Aufgrund der Beschaffenheit des Marktes bringt MSN regelmäßig neue Versionen. Zudem gibt es nicht die Herausforderungen bei der Kompatibilität.

Bei Betriebssystemen andererseits wollen die Kunden neue Versionen im Rhythmus von zwei bis drei Jahren. In Bezug auf die Ausnutzung der Hardware, auf Medien-Technologien, Sicherheit und die Erwartungen bei Wireless-Anwendungen muss man dieses Releases dann einfach bringen. Das bedeutet eine solche Menge an Entwicklung, Testing und andere Dinge, dass man keinesfalls zwei große Betriebssystem-Veröffentlichungen in weniger als zwei Jahren möchte.

CNET/ZDNet: Wenn man in der Vergangenheit über Longhorn gesprochen hat, wurde es stets als eine große Herausforderung dargestellt. Ist es das nach den Änderungen immer noch? Lässt sich Microsoft als Unternehmen noch auf solch Herausforderungen ein?

Gates: Longhorn ist eine riesige Herausforderungen, und mit Longhorn kommt die zunehmende Nutzung von .Net Manged Code. Das passiert jedoch nicht übernacht. Wir haben damit vor Longhorn begonnen und wir machen auch nach Longhorn damit weiter. Ich glaube jedoch, dass Longhorn bei der Akzeptanz von Managed Code ein Meilenstein sein wird.

Was wir tun ist ziemlich einzigartig. Das, worüber die Leute beim Thema Suche normalerweise sprechen, werden wir 2006 in Longhorn haben. Aber der große Durchbruch, bei dem alle Dinge zusammenkommen, wird zunächst außerhalb des Produktzyklus veröffentlicht und dann ins nächste Betriebssystem eingebaut.

CNET/ZDNet: Wie stets mit der Moral bei Microsoft? Welche Folgen werden die jetzt bekannt gegebenen Änderungen darauf haben? Sind Microsoft und seine Mitarbeiter

jetzt an einem Punkt angelangt, an dem sie aufgerüttelt und neu motiviert werden müssen?

Gates: Nein, das würde ich nicht sagen. Die Mitarbeiter schätzen es, wenn man ihnen den Plan offen darlegt. Beim Win-FS-Team, das von den neuen Features als erstes betroffen ist und diese veröffentlichen muss, wollte ich auf diese Weise sicherstellen, dass es den Grund für die Veränderungen versteht. Es ist davon begeistert.

In einigen Fällen haben wir einen klaren Konkurrenten. Sehen Sie sich nur Mal unsere Leute an, die mit Google konkurrieren: die wissen genau an was sie gemessen werden und dass jeder glaubt, Google könne übers Wasser laufen. Es ist ihr Job, die Welt zu überraschen.

Dann haben wir andere Teams, wie Win-FS, wo wir weit in Führung liegen und wo wir uns mit niemandem vergleichen müssen. Es ist wichtig, dass sie erkennen, dass wir nach wie vor an der Vision festhalten und sie zu einem Teil unserer Produkte machen. Ich glaube, wir machen da einen sehr guten Job. Nächste Woche spreche ich wieder mit dem Win-FS-Team, dann werde ich Fragen entgegen nehmen und sicherstellen, dass es keinerlei Zweifel über unsere Unterstützung gibt.

CNET/ZDNet: Was für Möglichkeiten gibt es bei der Entwicklung eines Betriebssystems im Zusammenhang mit Offshoring? Kann man da mehr machen als nur die Testläufe und unterstützende Tätigkeiten, die derzeit offshore erledigt werden.

Gates: Im Bereich Entwicklung haben wir da eine sehr interessante Mischung. Den Großteil der Entwicklung führen wir hier in Redmond durch. Wir halten das für sehr effizient und werden das auch nicht ändern.

Wir sind jedoch auch seit langer Zeit ein globales Unternehmen. Wir haben ein Forschungslabor in Peking, wir haben ein Entwicklungszentrum in Indien und wir haben eine kleinere Gruppe in Israel. Unsere Business Solutions-Leute haben eine große Abteilung in Kopenhagen, Dänemark, und unsere X-Box-Leute haben ein großes Labor in UK. Wir sind überall verstreut, aber unser Gravitationszentrum ist hier in Redmond.

Ich habe im vergangenen Frühjahr eine Tour durch die Universitäten gemacht und darüber gesprochen, dass Jobs im Bereich der Computerwissenschaften spannend und wichtig sind. Tüchtige Leute sollten in diese Richtung gehen. Ich glaube, dass die interessantesten Entwicklungen im Bereich Software – es gibt deutlich mehr interessante Entwicklungen als die Leute wahrnehmen – größtenteils hier in den USA durchgeführt werden.

Wenn es aber um Callcenter und solche Dinge geht, da bin ich kein Experte. Ich kann nur sagen, wie's bei Microsoft läuft.

Wie auch immer, nichts von dem hat mit Longhorn zu tun. Longhorn wird wie alle anderen Projekte hier in Redmond entwickelt. Einige Teile werden von unseren zahlreichen Forschungs- und Entwicklungsabteilungen im Ausland beigesteuert, der Löwenanteil wird aber hier erledigt.

CNET/ZDNet: Sie haben speziell den Musik-Bereich genannt, in dem Microsoft noch einiges an Arbeit vor sich hat. Welche Chancen sehen Sie für Microsoft im Musik-Business? (Für diese Woche wird der Launch des Microsoft Musik-Download-Dienstes erwartet.)

Gates: Im Bereich Musik können wir über einige wichtige Dinge reden, die wir realisiert haben. Wir glauben an ein kombiniertes Modell aus Werbe- und E-Commerce-Einnahmen. Wenn die Leute damit vertraut sind, online Geld auszugeben, ob für Musik, Avatare oder das Versenden von SMS, wird es Unternehmen geben, die die kritische Masse erreichen. Ich meine das in Bezug auf Kundenbeziehungen und E-Commerce.

Wir würden selbst kein isoliertes Geschäft aufziehen, abgekoppelt von anderen Dingen. Wir glauben eher an ein Abrechnungssystem, das in allen Ländern funktioniert. Wir investieren in die Plattform, und ab einem gewissen Punkt werden wir das auf Dinge wie Musik ausdehnen. Es ist also Teil einer breit angelegten Strategie.

Auch wenn Sie Yahoo fragen würden, würden Ihnen diese antworten, dass sie sich auf ein Geschäftsmodell verlassen, dass als tragende Säulen Werbung, Transaktions- und Abo-Gebühren hat.